MW00913818

La herencia del tío gruñón

Sylma García González

editorialraices@gmail.com

sylma_2000@yahoo.com

primera edición

ISBN: 13: 978-1986205610

ISBN: 10: 1986205614

Ilustraciones: Luz Marie Reyes Soto

Artista gráfico y diseño de portada : Jean Vázquez Colón

Revisado por: Mayra L. Ortiz Padua

©TODOS LOS DERECHOS RESERVADOS DE AUTOR

La reproducción de este libro no está permitida en ninguna de las formas ni por medio alguno, ya sea fotocopia, impreso, fotografiado, mecánico u otro sin el consentimiento de su autora o la editorial

Impreso en USA

Hecho en Puerto Rico

febrero, 2018

Sylma García González

LA HERENCIA DEL TÍO GRUÑÓN

Editorial Raíces P.R.

Colección Crepúsculo Juvenil

editorial raíces

A Tatita, en mi recuerdo

A mi Ernesto, como siempre

I

Una visita inesperada

La muerte de don Fulgencio Castillo Palacios, el último miembro de una ilustre familia de comerciantes de pomadas contra el pie de atleta, había impresionado mucho a Joaquín. En sus trece años de vida no había pasado por la experiencia de la pérdida de alguien cercano. Hasta ese momento, consideraba la muerte como algo ajeno a él. Sin embargo, el padrino de su papá, que parecía que iba a ser eterno, se había muerto. Joaquín intentaba lidiar con esa nueva experiencia. A pesar de que ya habían pasado tres días desde el funeral, el chico no dejaba de pensar en ello. Más todavía, después de haberse enterado esa mañana de que don Fulgencio tenía planes para él desde el más allá.

Mientras pensaba en estas cosas, Joaquín se entretenía guardando la ropa limpia, como le había pedido su padre que hiciera dos horas atrás: media negra con media negra, media azul con media azul, camisas escolares en la primera gaveta. Miró de reojo una foto sobre el armario, junto a sus trofeos deportivos y sus cómics. Era el *selfie* de una mujer trigueña vestida con ropa

de invierno. Los pensamientos del chico se fueron muy lejos, a Madrid. El timbre de la puerta lo devolvió a su habitación de paredes grises y pósters de Messi. Se asomó a la ventana y vio a una pareja muy curiosa frente a la casa: un hombre flaco, casi enano, de pelo rojizo, y una mujer altísima, obesa y pelinegra. Los dos vestían abrigos y botas, como si estuvieran en un lugar muy frío. A ella no parecía afectarle el calor pegajoso del mediodía boricua. Él sudaba a chorros. Aunque no lo veía desde allí, Joaquín oyó claramente la voz de su padre.

-- Buenos días, ¿en qué puedo servirles? --preguntó Ricardo con amabilidad, mientras regaba las trinitarias de la jardinera.

-- Hola, somos Christian y Cristina del Villar, ¿podemos hablar? dijo ella, entrando decidida en la casa sin ser invitada. La sala, color verde menta, era amplia y fresca. Un sofá, dos butacas y una mesa de centro componían su mobiliario. A pesar de su voluminoso cuerpo, la mujer se movía con gracia. Se sentó en la butaca más cercana a la ventana de cristal que daba a la calle.

Joaquín nunca había sido un muchacho demasiado curioso, pero esos dos personajes habían despertado su interés. Bajó las escaleras silenciosamente y se sentó en el último escalón, donde ni su padre ni los visitantes podían darse cuenta de su presencia, aunque él sí podía ver y oír todo lo que pasaba allí.

--Siéntense, por favor. Ustedes, dirán—alcanzó a decir Ricardo, entre enojado y sorprendido.

-- Nos acabamos de enterar de la muerte de nuestro querido Tío Fulge. Somos...éramos... primos terceros por parte de la tía abuela de su

9

difunta esposa Georgina --comentó Cristina, secándose los ojos secos con la punta de un pañuelito dorado.

-- ¿Tío Fulge?

Ricardo trató de imaginarse al orgulloso y cascarrabias don Fulgencio dejándose llamar "querido Tío Fulge". Fracasó en el intento. Restregándose la nariz, ya bastante enrojecida, el joven pelirrojo dijo: "Pobre, Tío Fulge, eso es así".

-- Mime y yo somos hermanos...gemelos, como es bastante obvio. Hemos venido desde Colorado en cuanto nos enteramos. Estamos destrozados. Lo queríamos muchísimo.

-- Disculpen, pero Padrino, jamás me habló de ustedes.

-- Era tan olvidadizo, el pobre, por la edad, claro. La verdad es que hace años que no teníamos noticias suyas. Nos enteramos por la esquela en el periódico. ¡No podíamos creerlo! Estamos tan ocupados que habíamos perdido el contacto. Soy propagandista médico y mi hermano es casi casi ingeniero.

-- Gracias por su cariño por mi padrino. Lamento que se hayan perdido el entierro.

-- En realidad, también, vinimos por otra razón. Sabemos que somos los únicos parientes vivos del querido Tío Fulge, y queremos encargarnos de que su...legado no se pierda.

Mime no tardó en repetir: "Eso es así, no se puede perder su legado".

-- ¿Su legado?

-- Claro, Tío Fulge era un gran... un gran... filán...tropo --le oyó decir Joaquín a la mujer, aunque no estaba muy seguro de lo que quería decir esa palabra. Tendría que buscarla después en el diccionario.

Levantándose de su asiento, indicando con eso que se acababa la conversación y que debían irse, Ricardo dijo: "Entiendo. Creo que, entonces, deberían comunicarse con su abogado, que debe saber más que yo de todo eso. No puedo decirles su nombre porque no sé quién es. Mi padrino era muy reservado con sus asuntos. Además, la verdad es que, con el trajín del entierro, no he tenido tiempo de pensar en esas cosas".

-- Suponemos que usted esperaba recibir algo del querido Tío Fulge, pero, si como nos han dicho, no hay un testamento, somos sus parientes más cercanos --comentó ella, levantándose de la butaca, con sorprendente flexibilidad.

11

Camino al taxi que los esperaba afuera, Mime se hizo eco de las palabras de su hermana gemela: "Eso es así, somos los parientes más cercanos del Tío Fulge". Antes de entrar nuevamente en la casa, Ricardo les gritó desde el balcón: "Espero que no sean alérgicos a los gatos".

Joaquín salió corriendo de regreso a su cuarto antes de que su padre lo descubriera escuchando conversaciones ajenas. Se tiró en la cama a pensar en lo que acababa de presenciar. Primero, la carta de don Fulgencio. Ahora, esa pareja tan rara. ¡Qué revolú! La cabeza le daba vueltas como una machina de fiestas patronales. Como no debe ser el único, es mejor empezar desde el principio.

II

Joaquín tiene una nueva vecina

La primera vez que Joaquín vio a Gabriela fue un sábado después de las prácticas de fútbol. No fue un primer encuentro extraordinario, como en otras historias memorables, pero no por ello, poco prometedor. No podía decir que, de buenas a primeras, la chica le llamara demasiado la atención. Los niños de trece años rara vez ponen especial interés en las nenas. En esa época, lo de ellos son otras cosas, como el fútbol y los juegos de video. Además, aunque inteligente, era un tanto inmaduro. Lo que sí le llamó la atención fue el camión de mudanza que estaba estacionado frente a la casa vecina. Le pareció enorme. Se acercó tímidamente al vehículo para verlo de cerca.

Joaquín tenía un viejo tonka que había sido de su padre. Aunque jamás lo hubiera admitido a sus amigos, jugaba con él de vez en cuando. Como cambiaba de idea constantemente acerca de lo que quería ser cuando fuera adulto, lo que le interesaba, en esos momentos, era ser mecánico de camiones. El mes pasado había querido ser biólogo marino, pero cambió de idea porque era alérgico a los camarones.

Hombres y mujeres entraban y salían de la casa vecina con cajas, muebles y muchas otras cosas. Mientras examinaba una de las enormes gomas del camión, el chico escuchó una voz que lo hizo brincar del susto. Era una nena robusta, un poco más alta que él, con un gran lazo en la cabeza, que recogía el pelo más rizo que Joaquín había visto en su vida. Tenía puesto un traje blanco, que parecía de nena chiquita, y unos tenis verdes con medias amarillas. No era que Joaquín se fijara mucho en la ropa de la gente, pero le llamó la atención esa rara combinación. "¡Qué bueno que soy nene! Una camiseta, un mahón y *pa'lante*", pensó. Ella lo miraba fijamente, como si esperara una respuesta. De hecho, era así.

--¿Ah? --fue lo único que se lo ocurrió decir a Joaquín.

Ella repitió: "¿Que si conoces a la señora que vivía aquí antes?".

-- Ah, sí, doña Lourdes. Se fue a vivir con su hija a Miami el año pasado.

-- Entiendo.

-- Y, ustedes, ¿se van a mudar ahí? --preguntó Joaquín, arrepintiéndose rápido por hacer una pregunta tan tonta. ¡Claro que se mudaban ahí! ¿Qué más iban a hacer con un camión de mudanza? ¿Pasear los muebles? "¡Qué idiota soy!", pensó abochornado. Ella no pareció darse cuenta de nada. Seguía pensativa. Ni siquiera se molestó en contestar su pregunta. Volvió tranquilamente al tema anterior, que parecía preocuparle.

-- Pensé que, quizás, se había mudado a Nueva York, aunque Mami dice que se fue a Miami; --comentó, como si le afectara-- pero, nada, uno a veces se equivoca en lo que piensa.

Joaquín dudó. "¿Se mudó doña Lourdes a Miami?", se preguntó. ¡No! Ella tenía razón: se mudó a Nueva York. Había dicho que se iba a Miami con su hija, pero decidió irse con su hijo. ¿Cómo esta nena lo sabía si acababa de llegar a la urbanización Baldrich de Hato Rey y no conocía a doña Lourdes?

-- Es verdad, se mudó a Nueva York.

La cara de la nena se iluminó.

-- Lo sabía. Ah, y mi nombre es Gabriela, Gabriela Fuentes.

-- Yo me llamo...

--...Joaquín Espinoza --dijo ella, con mucha seguridad. Al ver el asombro del chico, aclaró enseguida: "No es nada, lo dice tu camiseta". Joaquín se miró el pecho y se dio cuenta de que todavía no se había quitado el uniforme de fútbol. ¡Qué tonto! Él se había impresionado con que ella adivinara su nombre. No era su día más brillante. Cuando estaba a punto de dar la vuelta y regresar a su casa, ella lo detuvo.

-- Mi primo también es portero, pero no es zurdo como tú. ¡Qué curioso! Un portero zurdo que escribe con la derecha.

Ahora sí que Joaquín estaba boquiabierto. "Esta nena es bruja. ¡Tiene poderes, como los *X Men*!", pensó.

-- No me mires así, no es nada. Cualquiera pudo adivinarlo. Sé que eres portero porque, desde aquí, puedo ver tus guantes en el sillón del balcón de tu casa. No estaba segura de que fueras zurdo, pero como el lado izquierdo de tu ropa está más sucio que el otro, pensé que trataron de meterte goles, aprovechando tu supuesto punto débil.

-- Ah, ¿y cómo sabes que escribo con la derecha?

-- Porque tienes un callo en el dedo malo de esa mano.

Joaquín se miró el dedo y vio que era cierto.

-- Pensé que tenías poderes o algo así, pero ahora que lo explicas, es bastante fácil de adivinar.

En ese instante, una mujer, también de pelo muy rizo, salió al balcón de la nueva casa de Gabriela, y le pidió que entrara para que se pusiera a acomodar las cosas en su nuevo cuarto. Llevaba una blusa de flores amarillas y una amplia blusa blanca. Saludó con la mano a Joaquín y él no pudo evitar acordarse de su mamá. Ella hablaba con alguien dentro de la casa: "No, Sandra, no puedes tener un baño para ti sola, ya lo hemos hablado".

-- Es mi mamá. No se ha sentido bien últimamente y con esto de la mudanza... Me alegra conocerte. Me caes bien. No conozco a nadie más en esta urbanización. Dejé a todos mis amigos en Ponce. Hablaremos más tarde –dijo ella, casi sin respirar, y empezó a caminar en la punta de sus pies, como si bailara, hacia la casa.

-- Oye, ¿cómo sabes que doña Lourdes se fue a Nueva York?

--Es bastante fácil de saber --contestó Gabriela, sin darse la vuelta.

III

Joaquín y su padre hacen la limpieza

Ayudar en la limpieza de la casa, no era la tarea favorita de Joaquín. Si fuera por él, se pasaría todo el día practicando fútbol o jugando PlayStation. Con un suspiro, se puso a limpiar el lavamanos, mientras su papá se dedicaba a restregar la bañera. El baño, decorado con motivos futbolísticos, lucía siempre impecable. Joaquín opinaba que Ricardo era un papá bien chévere a pesar de su manía con la limpieza. Desde que Rebeca, su esposa, se había ido a estudiar a Madrid, Ricardo había tenido que encargarse solo de las cosas de la casa. Según le parecía a su hijo, eso no le molestaba para nada. Joaco, como le decían, extrañaba mucho a su mamá. Esperaba con ansias que terminara el año para estar con ella. Irían a visitarla en las vacaciones.

-- Oye, Papi, ¿tú conoces a los vecinos que se mudaron a casa de doña Lourdes?

-- Sí, conozco a Ernesto, del Colegio de Mayagüez, donde hicimos juntos el bachillerato, aunque hacía años que no lo veía. Ha engordado. Me alegra que se hayan mudado ahí.

Creo que la pasarás bien con sus hijas, especialmente con la del pelo rizo, por lo que veo —-dijo, guiñando un ojo, para molestar a su hijo.

-- Ay, por favor, esa nena no me gusta. No me gusta ninguna. Lo que piensan es en maquillajes y Justin Bieber.

Le molestaban esas bromitas de su papá.

-- Eso dices ahora. Ya te veré soñando con pajaritos *preñaos* --dijo soltando una carcajada.

-- Unjú.

-- Cambiando un poco el tema. Ernesto me dijo que acaba de matricular a la nena en tu escuela, así que el lunes se va contigo, para que no se sienta sola.

-- Ay, Papi, -- se quejó Joaco- ¡ahora tengo que cargar con ella! Se va a pasar todo el tiempo detrás de mí, como una lapa.

-- No digas eso, porque ayer te vi hablando con ella un buen rato en la acera.

-- Es una nena medio rara. Parece que sabe muchas cosas o se las imagina. Sabía que juego fútbol, que soy zurdo, que escribo con la derecha y que doña Lourdes se fue a vivir a Nueva York.

-- ¿Cómo sabe todo eso? --preguntó Ricardo, mientras terminaba de cerrar la cortina de baño.

-- No sé. Dice que cualquiera puede saber esas cosas.

-- Se ve que es una nena inteligente. Quizás, te cae bien y se hacen amigos --insinuó Ricardo. Joaco no estaba muy convencido, pero no dijo nada. Gabriela le parecía medio sabelotodo, pero la verdad era que le había caído bien, en el fondo. Por lo menos, sabía un poco de fútbol y eso ya era algo, tratándose de una nena.

-- ¿Por qué crees que Gabriela sabe que doña Lourdes se fue a Nueva York?

-- No tengo la menor idea --dijo Ricardo y salió del baño, no sin antes decirle a Joaquín que no se olvidara de limpiar el inodoro.

-- ¡Ay, Dios!

IV

El primer día de clases de Gabriela

El lunes, por la mañana, al salir de su casa, Joaquín se encontró con Gabriela. Era su primer día de clases en la Escuela Víctor Parés Collazo, justo a tres calles de su casa. Ella no parecía nerviosa ni preocupada, sino llena de curiosidad. Saludó a Joaquín como si fueran amigos de toda la vida. El chico notó que, aunque usaba el uniforme de la escuela, seguía teniendo un estilo muy particular: llevaba el pelo amarrado en una trenza de un montón de colores, un pañuelo azul en el cuello y tenis verdes, pero, esta vez, con medias rosadas. En el camino, trató de describirle, a grandes rasgos, cómo eran la escuela, los maestros y los estudiantes.

-- A mí me gusta. Los maestros son buenos y uno no se aburre mucho, especialmente en la clase de Educación Física --dijo Joaquín, con entusiasmo. Tenía la costumbre de mover mucho las manos cuando hablaba, como si dibujara las palabras en el aire.

-- ¿Esa es la única clase que te gusta?

-- Es mi favorita, pero también me gusta la de Ciencias. Mr. Soto se pasa haciendo unos experimentos bien *cool*. La semana anterior nos enseñó a traspasar globos con palos de pincho ¡sin explotarlos! Nos explicó que eran cosas de la física. Se formó tremendo lío porque casi nadie pudo hacerlo y el salón parecía un cumpleaños de nenes chiquitos. Fue muy divertido.

-- Ah, a mí me gustan Inglés y Español --dijo ella.

-- A mí no; odio leer --contestó él, con una mueca de disgusto, tocándose la lengua con la punta del dedo índice, como si tratara de vomitar. Gabriela se echó a reír.

-- A mí me encanta leer, especialmente cuentos de detectives. Es que yo voy a ser detective cuando sea adulta.

Joaquín la miró de reojo. No estaba seguro de que ella hablara en serio. ¿Ser detective era un trabajo de verdad, como doctor o bombero? ¿Las mujeres podían ser detectives? Mientras pensaba acerca de estas cosas, llegaron a la escuela. Cuando atravesaban el portón de entrada, se encontraron, de frente, con un muchacho alto y flaco, de angelicales ojos azules, con la apariencia de quien no rompe un plato.

-- Oye, Joaquín, ¿esta gorda es tu novia? –preguntó burlonamente, señalando a Gabriela.

-- No, Kelvin, es mi vecina y tiene nombre: se llama Gabriela.

-- Uy, ¡qué genio! Es un *tripeo*, nene. Contigo no se puede relajar --le dijo el chico, echándose hacia atrás, como si se protegiera de un golpe invisible.

-- Ah, no me había dado cuenta de que era un chiste. ¡Qué gracioso eres!

Gabriela y él siguieron caminando.

-- No le hagas caso. Le gusta intimidar. Si le muestras miedo, te chavas. Además, la directora lo tiene *velao* y ahora se porta mejor --le aconsejó Joaquín a su nueva amiga.

-- En mi otra escuela había una nena así. Me molestaba bastante, bueno, a todo el mundo. Al principio, me asustaba un poco, pero le perdí el miedo, cuando la vi llorar de miedo por una araña.

Los nuevos amigos se despidieron después de que Joaquín le señalara a Gabriela por dónde estaba su salón. Quedaron en encontrarse allí mismo, por la tarde, para regresar juntos a la urbanización. La vio alejarse, con su mochila guindando de un hombro y caminado en la punta de sus dedos. Pensó que, por lo menos, había una nena chévere en el mundo, aunque tuviera la loca idea de ser...detective. Siguió su camino rumbo al salón de Matemáticas. Desde el pasillo escuchó el alboroto de sus compañeros de clase. Se le fugó una sonrisa traviesa de los labios.

Gabriela no tuvo grandes problemas para encontrar el salón. Sus ventanas daban al parque de pelota de la escuela. Mrs. Lugo, la maestra de salón hogar, ya estaba allí. Le enseñó cuál sería su pupitre. El grupo era bastante grande. Había como 30 estudiantes. La verdad era que se asemejaban mucho a los de su otra escuela: había nenes y nenas de todo tipo y aspecto. Parecía que llevaban mucho tiempo estudiando juntos porque estaban divididos en pequeños grupos y alborotaban sin parar. Estaban las nenas, que obviamente eran fanáticas de Justin Bieber o Taylor Swift; los nenes que solo piensan en el fútbol y el baloncesto; unos cuantos surfers y así. Gabriela siempre había sido una niña bastante solitaria, de pocos amigos, aunque solía caerle bien a la mayoría de sus compañeros. No le interesaban mucho los deportes ni los cantantes famosos, pero no le molestaba escuchar sobre esos temas. Le gustaba saber de todo y, especialmente, preguntarlo todo. No se consideraba una nena muy linda, pero tampoco fea.

Estaba un poco gordita, pero siempre había sabido ignorar a los tontos que la trataban de molestar al respecto. Hasta donde sabía, no había que ser flaca para ser detective.

Antes de empezar la clase, Mrs. Lugo se la presentó al resto de la clase. Les dijo que esperaba que la hicieran sentirse en familia y la ayudaran en lo que pudieran. Ella le dio las gracias y se sentó. Se dio cuenta de que varios niños la miraban de reojo y cuchicheaban. ¡Llegar a una escuela nueva no era fácil! Para su alegría, la primera clase era Español. Mrs. Lugo les asignó una tarea y les pidió que se sentaran en parejas. A ella le tocó con una chica que hablaba sin parar y que le contó todo lo importante que había que saber de la gente del salón. Hablaron tanto que la maestra las tuvo que mandar a callar dos veces, pero hicieron el trabajo rápido y bien. Después, Mrs. Lugo les pidió que leyeran un cuento para discutirlo en grupo. Trataba sobre unos niños que intentaban tomarle una foto a un hada para demostrarles a sus amigos que existía esa criatura fabulosa.

-- Bueno, ¿por qué creen que los niños no pudieron retratar al hada? -- preguntó Mrs. Lugo.

-- Porque era muy rápida y no la pudieron alcanzar --dijo un nene llamado Víctor.

-- Creo que porque le cogieron miedo --comentó otro estudiante.

-- ¿Qué piensas tú, Gabriela? --le preguntó directamente la maestra.

-- Les faltó imaginación.

Mrs. Lugo la miró pensativa.

V

Joaquín y su padre hacen una visita

Joaquín y su padre tenían la costumbre de tomar el café de las tres todos los domingos con don Fulgencio Castillo Palacios, el padrino de Ricardo, con quien mantenía una estrecha relación, a pesar de los años.

-- Papi, ¿por qué tenemos que ir todos los domingos? --preguntaba constantemente Joaquín, al que, de paso, no le gustaba el café y se le ocurrían mil cosas mejores que hacer.

-- Porque está muy viejo y no tiene a nadie que se ocupe de él; solo, tú y yo. Recuerda que también vas a llegar a viejo algún día.

-- Unjú --contestaba el chico, al que nunca le había caído bien el padrino de su papá. Lo encontraba antipático y aburrido. Además, nunca se le había pasado por la mente ponerse viejo.

Como todos los domingos, Ricardo aprovechó para llevarle la compra y los recibos de las cuentas a su padrino, porque, desde hacía unos años, no salía a la calle. Don Fulgencio nunca estaba satisfecho con las gestiones que hacía su ahijado por él. Ricardo y Joaquín pusieron las bolsas de compra en el mostrador de la cocina, mientras el anciano inspeccionaba lo que había en cada una de ellas, a la vez que echaba vistazos al recibo que tenía en la mano. Para no aburrirse, Joaquín se entretenía contando las telarañas que colgaban del alto techo de vigas de madera. No había menos de diez. Don Fulgencio no permitía que nadie las tocara. Decía que las arañas se comían los mosquitos y otros insectos. Casi eran sus mascotas.

-- ¿Por qué compraste galletas de avena? Solo como de arroz --protestó el viejo, arrugando aún más su arrugada nariz.

-- Porque usted me dice que son las únicas que no le dan acidez, Padrino.

-- Jamás he dicho eso. Nunca he padecido de acidez. Llévatelas, no las quiero –dijo el anciano, casi tirándole el paquete al pecho de su sobrino.

-- Está bien, Padrino. Parece que me equivoqué --contestó Ricardo, para asombro e indignación de Joaquín, porque muchas veces oyó al anciano decir que solo comía esas galletas. Justamente, la semana anterior, don Fulgencio comentó sobre lo bien que le caían a su delicado estómago las galletas de avena sumergidas en su taza de café. De hecho, comió tantas aquel día que se quedó dormido en su sillón en medio de la visita.

-- ¿Dónde está la leche evaporada?

31

-- Usted no toma leche evaporada, Padrino, sino condensada.

-- ¡Claro que tomo leche evaporada! ¡Siempre lo he hecho! Ahora me vas a decir lo que tomo o dejo de tomar.

-- Pero, usted… --empezó a decir Joaquín, cuando recibió un pisotón de su padre para que mantuviera la boca debidamente cerrada. Entonces, se sentó en una de las banquetas de la cocina, con los brazos cruzados casi bajo la barbilla y los ojos semicerrados. Era la viva imagen de la dignidad ofendida.

-- Oye, Ricardo, ¿tienes problemas económicos? --preguntó repentinamente el anciano. A pesar de usar espejuelos, no veía bien y se pegaba el recibo a la cara.

-- No, Padrino, tengo un buen sueldo --contestó Ricardo, que era analista financiero en un banco hacía más de 15 años.

-- Ah, es que en este recibo hay cosas que no están aquí.

Ricardo, sin ofenderse, comentó que había guardado el resto de las cosas en la nevera, que era casi de la edad de su dueño. A Joaquín siempre le había parecido como una especie de cápsula del tiempo, pero con olor a sardinas enlatadas y margarina.

-- Ah, bien. Pues, toma esto, por el favor –dijo don Fulgencio, dándole un dólar a su ahijado-- Y no se te ocurra darme las gracias. Sabes que soy blando de corazón. Por eso, te voy a dejar todo cuando me muera.

-- No hace falta, Padrino, lo hago con mucho gusto. Usted sabe que lo quiero mucho.

--Entonces, dáselo a tu hijo, pero que no se engría. Si se acostumbra a andar por ahí con tanto dinero, se va echar a perder --sentenció el anciano, para un nuevo ataque de silenciosa indignación de Joaquín.

Cuando terminaron de guardar la compra, se dirigieron a la biblioteca, donde el anciano se sentó en su sillón favorito. Había llegado la hora del café, para disgusto de Joaquín. Doña Pura, la señora de la limpieza, lo había dejado servido en una mesita antes de irse. Joaquín miró tristemente dentro de su taza, que parecía tener más café que nunca.

-- El martes quiero que me lleves al médico, Ricardo. --ordenó don Fulgencio-- Esa Pura me va a matar con sus detergentes. Le he dicho mil veces que el cloro me sube el colesterol.

-- Padrino, mañana no puedo. Debe avisarme con tiempo cuando tenga citas médicas para hacer arreglos en el trabajo.

Don Fulgencio no desaprovechó la oportunidad para montar un buen número: "¡Lo que tengo que hacer es morirme de una vez! ¡Los viejos somos una carga!". Mientras decía estas palabras, echaba la cabeza hacia atrás y viraba los ojos como si sufriera una especie de ataque.

-- No diga eso. Déjeme ver qué puedo hacer. Mañana lo llamo.

-- Sabía que podía contar contigo, Ricardo --dijo complacido, don Fulgencio, ya recuperado. Joaquín suspiró con resignación y se puso sus audífonos.

VI

Don Fulgencio Castillo Palacios

Don Fulgencio Castillo Palacios, el último miembro de una ilustrísima familia de comerciantes de pomadas contra el pie de atleta, vivía solo en una casa, tan vieja como él, en el Viejo San Juan. Más que una casa, parecía un museo, con cuadros, esculturas, muebles y toda clase de objetos raros. Además, había una enorme biblioteca, repleta de libros y mapas, donde no había espacio ni para sentarse. Las ventanas de madera estaban cerradas todo el tiempo, porque don Fulgencio era alérgico a muchas cosas, menos a las arañas y los gatos. Tenía cinco felinos: Cervantes, Carlomagno, María Antonieta, Madame Curie y Pirulí, a los que llamaba sus muchachos. Estos eran los amos y señores de la casa.

También, había galones de agua por todos lados, y muchas cajas de galletas, latas de salchichas y paquetes de chicles de menta, por si venía un huracán. Don Fulgencio lo guardaba todo, pero no usaba nada. Aunque era un hombre rico, que nunca había tenido que trabajar, era un poco avaro –ahorrativo- decía él.

Cuando Joaquín estaba allí, le daban ganas de abrir las gavetas y ponerse a rebuscar, pero su papá no lo dejaba, porque decía que su padrino era bien celoso con sus cosas.

Nunca había estado en los cuartos, en los baños ni en el comedor, porque el anciano aseguraba que se los ensuciaban. Solo se podía estar en la biblioteca y en la cocina. Una vez, Joaquín pudo ver fugazmente un cuarto entreabierto: estaba forrado de afiches de una mujer. Tiempo después, supo que era Zuleyka Rivera. Aunque a Ricardo le molestaba que lo dijera, para Joaquín, el padrino era medio maniático.

Don Fulgencio solía recibirlos en bata y chancletas. En algún momento, la bata fue roja, pero ya se veía rosada. Aunque nunca se lo diría a su papá, Joaquín pensaba que no usaba calzoncillos. El anciano tenía el pelo blanco y largo, como la barba. Parecía que nunca se había recortado en su vida: tenía pelo hasta en la nariz y las orejas. Decía que no iba a pagar para que le quitaran algo. Era bien flaco y largo como una vara, pero tenía pipa. Parecía un gusano que se había comido una aceituna. Usaba unos espejuelos grandes con mucho aumento, con los que parecía que podía ver a las personas por dentro. No sabía cuántos años tenía, pero para Joaquín era una antigüedad.

-- Oiga, don Fulgencio, ¿usted *janguiaba* mucho con Hostos? --preguntó Joaquín, para hacer conversación, acordándose de la clase de Historia de esa semana. La curiosidad le costó una semana sin jugar fútbol.

El domingo siguiente, a Ricardo le llamó la atención que don Fulgencio tardara tanto en abrir la puerta, así que decidió usar su llave.

"Padrino, somos nosotros, le trajimos pan caliente para comer con el café". Nadie respondió. Tampoco se escuchaba el usual sonido de las chancletas del anciano, que siempre anunciaban su cercanía. Joaquín supuso que se hacía el sordo porque le enojó que Ricardo dijera que las novelas brasileñas eran mejores que las mexicanas. Al entrar en la biblioteca, lo encontró sentado en su sillón favorito, como si estuviera dormido, con Madame Curie sobre sus piernas.

Don Fulgencio Castillo Palacios, el último miembro de una ilustrísima familia de comerciantes de pomadas contra el pie de atleta, fue enterrado la mañana lluviosa del 6 de febrero de 2016, en el cementerio del Viejo San Juan. Lo acompañaron su ahijado Ricardo Espinoza, Joaquín y media docena de personas más. Sobre el sencillo ataúd de nogal yacía una solitaria rosa blanca desmayada. Un joven sacerdote, quien nunca pudo convencer al difunto de ir a misa, rezó tres padrenuestros por el descanso de su alma. A Joaquín le había afectado bastante la muerte del anciano, precisamente, porque nunca había sentido afecto por él. Ahora se sentía un poco culpable. Pensaba que debía haber tratado de entenderlo, de llevarse con él, pero era tarde. En esos momentos, su mamá le hacía más falta que nunca.

VII

La carta

Tres días después del entierro de su padrino, Ricardo recibió una llamada, de esas que, en un instante, cambian el rumbo de una historia.

-- Buenos días, ¿hablo con Ricardo Espinoza? Es Victoria Leal. Aunque ahora estoy retirada, por muchos años, fui la abogada de Fulgencio. Me acabo de enterar de su muerte. Por eso, no pude ir a su funeral. Lamento mucho su pérdida. Era un hombre muy... particular.

-- Gracias, licenciada. Encantado de conocerla, aunque sea en estas circunstancias.

-- Igual —respondió ella-- Además, lo llamo para decirle que, hace un año, Fulgencio me envió un sobre para usted. Me pidió que se lo entregara tras su muerte. Así que me dispongo a cumplir su voluntad.

-- ¿Un sobre? ¿Para mí? —insistía Ricardo, incapaz de salir de su asombro. Su padrino era enemigo de las sorpresas. Le costaba imaginárselo poniendo en marcha un plan semejante. Sin embargo, la seriedad de la licenciada Leal no dejaba lugar a dudas. -- Sí, se lo enviaré hoy mismo.

-- Por supuesto, mil gracias, licenciada.

A la mañana siguiente, el padre de Joaquín recibió el misterioso sobre que su padrino le había dejado con la licenciada Leal. Cuando lo abrió, se sorprendió de encontrar adentro un sobre más pequeño con el nombre de Joaquín. Lo cierto era que don Fulgencio nunca había mostrado mucho interés en el niño. Parecía, incluso, que le incomodaba su presencia. Ricardo dudaba entreabrir la carta o entregársela al chico, pero pensó que, como padre, debía estar al tanto de las cosas de su hijo. Se trataba de una carta muy corta, escrita en el estilo especial de su padrino:

3 de marzo de 2016

Sr. Joaquín Espinoza:

Cuando recibas esta carta, habré partido de este ancho mundo. La verdad es que no me preocupa mucho eso de morirme, sino fuera por mis amantísimos gatos y mi ahijado Ricardo, o sea, tu padre. Me imagino que sospecharás que tengo mucho dinero y no te equivocas. Obtuve una considerable cantidad con la venta de la receta secreta de la famosa pomada de mi familia. Acá entre nos, siempre me pareció un negocio bastante vulgar: "Pomada Castillo, por si le pica algo más que el

40

tobillo". Además, toda la vida me he enorgullecido de ser una persona muy conservadora en el uso de su dinero, así que he amansado una fortuna que, lamentablemente, no me podré llevar conmigo al otro mundo. Aunque me conociste ya viejo y cansado, fui un joven valiente, emprendedor y aventurero; no como los de ahora, que solo piensan en comer, dormir y jugar con los aparatuchos esos con cables, que los tienen pegados como bobos todo el día. En fin, te propongo un reto. Nadie lo sabe, pero tengo un testamento. En él le dejo todo mi dinero a tu padre. No será tan fácil porque tendrás que encontrarlo, siguiendo unas pistas que te he dejado. Si eres inteligente, lo encontrarás y serás digno de él; si no supongo que se lo quedarán los parientes lejanos de mi difunta Georgina. Te deseo suerte.

Queda de usted,

Don Fulgencio Castillo Palacios

P.S. Saluda a mis adorados gatos de mi parte, especialmente a mi Madame Curie, ¡una gata tan lista!

El contenido de la carta de don Fulgencio dejó sorprendido a su ahijado. ¿Cómo era posible que a su padrino se le ocurriera una idea como esa?

¿Se habría vuelto loco? Joaquín era solo un niño para cargar con una responsabilidad tan grande. Ricardo sabía que su padrino era un hombre rico porque casi no gastaba ni la mitad del dinero que recibía mensualmente y, en ocasiones, había hecho gestiones en el banco en representación suya. Aunque se consideraba la persona más cercana a él, no estaba seguro de que lo fuera a nombrar su heredero. Tan pronto decía que Ricardo sería su heredero como que dejaría su dinero a un albergue de gatos. Como había dicho la abogada, el anciano era un hombre muy particular.

Por un momento, pensó botar la carta, pero no se sintió con el derecho de tomar esa decisión. Consideró que a esa hora su esposa acabaría de regresar a su apartamento tras su día en la universidad. En Madrid serían las 6 de la tarde. La contactó por Skype. Después de brindarse mutuamente las muestras de amor que tanto avergonzaban a Joaquín, le contó todo lo relacionado con la carta. Juntos decidieron que confiarían en el criterio de su hijo, aunque Ricardo se mantendría al pendiente del asunto. Ella también hablaría con el chico esa misma noche.

Cuando Joaquín llegó de la escuela, Ricardo le pidió que se sentara y puso la carta en sus manos. Al principio, el muchacho no entendía nada de nada, pero después comprendió el gran reto que le proponía aquel anciano extraño. Estaba dispuesto a aceptarlo. Ya se verá si fue una buena decisión.

VIII

Joaquín hace una consulta

El sábado, Joaquín se levantó más temprano de lo normal, y se pasó mirando disimuladamente (o eso creía él) por la ventana. Su padre fingió no notar su inquietud, pues sospechaba que Joaco quería hablar con Gabriela, pero no se atrevía a ir a su casa. Después de un par de horas, Ricardo se compadeció de su hijo y decidió darle una ayudita.

-- Joaco, hazme un favor, llévale estas chinas a Mónica. Supe que Ernesto tiene catarro y una buena dosis de vitamina C es lo mejor para esos casos. --Con fingida desgana, el muchacho aceptó la encomienda.

Aunque Joaquín ya tenía una excusa para hablar con Gabriela, esperaba encontrarla en el balcón. Como no fue así, no tuvo más remedio que tocar. Mónica abrió la puerta y lo saludó con su acostumbrado entusiasmo, aunque, eso sí, se veía un poco enferma. Lucía pálida y ojerosa. Apretaba sus manos como si se le fueran a caer si las soltaba. Tal vez, su esposo le había pegado el catarro.

-- Joaquín, ¡qué bueno verte! Adelante.

-- Gracias, doña Mónica. Mi papá le mandó estas chinas. Dice que un buen jugo le quitará el catarro a don Ernesto.

-- ¡Qué amable! Dale las gracias a tu padre.

-- Eh, ¿está...Ga... brie... la?

-- Sí, está sentada debajo del palo de mangó. Dice que es su...oficina -- dijo Mónica, como si se tratara de un secreto, para, luego, gritar inesperadamente. -- ¡Gabyyyyyyy, te busca Joaquínnnnnn!-- El pobre muchacho no sabía dónde meterse de la vergüenza, pero era demasiado tarde, porque su vecina seguía llamando a su hija a gritos, a pesar de la cara agónica del chico.

-- No me oye, pero búscala tú mismo. Vete --y casi lo empujó fuera de la cocina. Definitivamente, a aquella señora le pasaba algo.

Joaquín caminó con timidez por el pasillo hasta que llegó a la puerta que conducía al patio. Había estado mil veces en la casa, cuando era de doña Lourdes, y la conocía muy bien. A través de la tela metálica, vio a Gabriela donde le había dicho su madre, debajo del palo de mangó. Allí seguía el viejo juego de muebles de mimbre que había dejado doña Lourdes y, al parecer, la chica lo había convertido en su....oficina. Joaquín ya entendía por qué Gabriela no había respondido a la llamada de su madre. Estaba muy concentrada leyendo. Solo pareció notar su presencia cuando lo vio parado a su lado. Entonces, puso *El archivo de Sherlock Holmes* encima de la mesa y le sonrió al muchacho: estaba lista para atenderlo.

-- Hey, Joaquín. Siéntate. Estaba terminando de leer este libro. Me fascinan las historias de detectives. ¿Hoy no tienes prácticas de fútbol?

-- No, el entrenador está enfermo.

-- Ah, ¡qué mal! Lo siento. Aunque creo que hoy no tenías muchas ganas de practicar.

-- Es cierto. –dijo el chico, cada vez más asombrado por todas las cosas que ella parecía saber. ¡Ni que le leyera la mente a uno! –Ayer, me llegó una carta del padrino de papi, para que encontrara el testamento.

-- Un momento, dale suave, que no te entiendo. Mejor cuéntamelo todo desde el principio, con todos los detalles que recuerdes --sugirió ella. En eso, llegó Mónica con dos vasos de jugo de chinas acabadas de exprimir. Joaquín, aunque despistado por naturaleza, no dejó de notar cómo la chica seguía con la vista a su madre de regreso a la casa. Le pareció una mirada de gato, llena de curiosidad. Cuando la chica volvió a prestarle atención, le contó desde las aburridas visitas a don Fulgencio, su extraña casa y sus gatos, hasta cómo encontraron su cadáver. Luego, le habló del entierro y de la carta que había recibido. Se sorprendió de haber hecho un resumen tan bueno. ¡Ojalá le salieran así los de la clase de Mrs. Lugo! La verdad era que Gabriela sabía escuchar y eso le daba confianza.

-- ¿Qué hacemos ahora? --dijo él, mientras daba vueltas alrededor del árbol de mangó, sin darse cuenta. Algo le impedía quedarse quieto.

--No hay nada que hacer; solo pensar –y tranquilamente se llevó el vaso de jugo a la boca.

Joaquín estaba un poco desilusionado. Había esperado que Gabriela resolviera el enigma tan pronto escuchara su historia. Ahora no se sentía tan seguro de que fuera buena idea haberle consultado.

-- ¿Quién te crees que soy, un mago de los de Harry Potter? ¡Claro que hay que pensar!

Joaquín se arrepintió de su insistencia.

--*Ok*, pues, veamos. Este asunto me recuerda "El caso del testamento desaparecido", de Agatha Christie --dijo Gabriela, con su conocida erudición detectivesca.

-- Agatha, ¿qué?

-- Agatha Christie, la reina de las novelas de detectives. ¡No me digas que no has oído nada sobre ella! Yo he leído todos sus libros.

Joaquín admitió cabizbajo que no leía mucho.

-- No sabes de lo que te pierdes. Entonces, el padrino de tu papá dejó una carta en la que te reta a encontrar su testamento escondido. Lo encontraremos. Si, como dices, don Fulgencio jamás salía de su casa, el testamento tiene que estar allí. No hay de otra.

-- Es que no has visto esa casa. Casi no se puede ni caminar. Nos tardaremos mil años en encontrarlo entre ese montón de cosas.

-- No te creas. Solo tenemos que empezar a pensar como él.

-- Unjú --murmuró Joaquín, que ni en mil años iba a poder pensar como un don tan raro.

IX

La verdadera historia de los gemelos

La abrupta salida de casa de Ricardo, dejó a los hermanos con el estómago vacío, así que se fueron a visitar a doña Pura, que los esperaba con el almuerzo listo. La señora vivía en una casa de dos pisos al final de una calle en Puerta de Tierra. A diferencia de su antiguo jefe, a ella le disgustaban tanto las arañas como los gatos. Su obsesión por la limpieza podía compararse con la de Ricardo. En aquel lugar todo lucía impecable. El comedor, donde recibió a sus visitantes, estaba decorado con motivos de frutas tropicales. Estaban en las cortinas, el mantel de la mesa, las servilletas, la vajilla plástica, los cuadros alineados en la pared del fondo. Lo único que se había librado de ellas era una elegante y antigua mesa de té sospechosamente parecida a las que había en casa de don Fulgencio.

Cristina, quitándose su vistoso abrigo de imitación de piel de zebra, aprovechó para contarle a su anfitriona la conversación que tuvieron con el ahijado. Mime, por su parte, entre bocado y bocado de sancocho, no olvidaba decir su elocuente: "Eso es así', a cada comentario hecho por ella. Estaba tan hambriento que ni siquiera se molestó en quitarse el grueso abrigo, por el que casi inmediatamente chorreaba un espeso caldo. La señora los escuchó con atención, pero no estaba preocupada. Ricardo era un canto de pan, por no decir otra cosa. Ella estaba segura de que no sería un problema para la pareja si sabían hacer bien las cosas.

-- A mí me pareció como que no se comía el cuento de que somos los parientes lejanos del viejo --aclaró la supuesta Cristina, cogiendo la cuchara con la punta de sus dedos.

-- Bah, no te preocupes, Vanessa. No creo que se ponga a pelear con ustedes por la herencia si el viejo maceta no dejó testamento --dijo doña Pura, convencida. -- Además, recuerda que mientras los verdaderos primos esos estén por el jurutungo en el Amazonas, dizque ayudando a los indios, dudo que nadie se ponga a averiguar nada.

-- ¿Estás segura, titi Pura?

-- Claro que sí. Si te digo que cuando encontré esa carta en el cuarto del viejo, me di cuenta de que había encontrado una mina de oro.

-- ¿Qué decía?

-- Pues que le mandaban muchos saludos, que esperaban que estuviera bien de salud, y que se iban los dos para las sínsoras del Amazonas a hacer de misioneros, o algo así. ¡Par de idiotas, digo yo, con lo podrido de chavos que estaba el viejo maniático! --explicó doña Pura.

A la joven le preocupaba que a los parientes verdaderos les diera por regresar.

-- Nah, esos dos se quedan por allá por buen tiempo. Además, no saben que se murió el viejo. ¿Para qué van a venir? Y, encima, el muy malagradecido ni les contestaba las cartas. Si no me da con rebuscar en las gavetas ni yo misma me entero de los supuestos primos.

-- ¿Y ahora qué?

-- Nada, siguen haciéndose pasar por los idiotas gemelos esos, hasta que les den los chavos de la herencia y la casa. Ya hablé con Javi, el hijo de Genoveva, para que vaya consiguiéndoles los papeles para cuando vayan a cobrar.

-- ¿Se habrá creído el cuento de que somos gemelos? --dijo Vanessa, mirando dudosamente hacia donde estaba, con toda la cara embarrada de sancocho, su primo Mime. No pudo evitar sentir un escalofrío.

-- ¡Ea!, y, ¿por qué no? Si mi Mime está haciendo muy bien su parte. Tú, ocúpate de la tuya.

-- Eso es así –dijo el supuesto Christian, alias Mime.

Por más de quince años, doña Pura se encargó de la limpieza de la casa de don Fulgencio Castillo Palacios. Se podía decir que la heredó de una vecina que se había mudado a un asilo. La anciana se la había recomendado con entusiasmo. Sin embargo, la relación entre jefe y empleada nunca fue muy armoniosa. Lidiar con él no era fácil para nadie. Ricardo tuvo que intervenir muchas veces a favor de doña Pura, asegurándole a su padrino que ella no le cambiaba las cosas de sitio para mortificarlo; y, en el momento más crítico, que no le había robado $2,000, que, luego, aparecieron en el congelador. Las acusaciones y los desplantes de don Fulgencio a su empleada eran comunes en aquella casa. Además, no se podía decir que el sueldo que le pagaba fuera muy generoso.

-- Ricardo, no te das cuenta de que a esa vieja loca le gusta mortificarme.

A doña Pura no le molestaban demasiado las quejas del anciano porque solía ignorarlo la mayoría de las veces. El asunto de los $2,000 la indignó lo suficiente como para considerar renunciar, pero, como ya le había robado $500, se lo dejó pasar, solo por esa vez. Si, en algún momento, sintió cargo de conciencia por robarle a un anciano indefenso, se consolaba pensando que él tenía más dinero del que necesitaba y que no se lo iba a llevar a la tumba, a donde iría en cualquier momento. Por eso, cuando, por curiosidad, se puso a buscar en las gavetas del escritorio y encontró las cartas de los gemelos, pensó que algún día podrían serle de utilidad. En cierto modo, no le faltaba razón.

X

Una visita exploratoria

Una inquieta nariz rosada, rodeada de bigotes tiesos como cables eléctricos, se asomó tras la cortina que cubría una de las ventanas que daban a la calle, para, luego, desaparecer tras la tela azul. Ricardo tocó el marco de la ventana con los nudillos, acallando momentáneamente el rumor que se escuchaba adentro. Había una especie de asamblea en la habitación. La seña había sido reconocida. A los pocos segundos, unos arañazos en la puerta de entrada anunciaban la bienvenida a los visitantes. Hasta que se aclarara el asunto de los herederos de don Fulgencio, Ricardo se ocupaba de alimentar a sus gatos. Joaquín solía acompañarlo todas las tardes a la casa del Viejo San Juan. Esta vez, Gabriela también fue con ellos. Carlomagno, encargado del reconocimiento, hacía guardia en el recibidor de la casa. Era el más grande de todos, completamente blanco, de pelo corto y ojos grises. Los saludó frotándose entre sus piernas. Los demás no estaban a la vista. Los chicos ayudaron a Ricardo a llevar los paquetes a la cocina. Allí había dos gatos más. Se trataba de Cervantes y Pirulí, que esperaban con ansias la llegada del almuerzo. El primero era un calicó de dudoso origen, mientras que su compinche era un persa gris. Ese par siempre estaba hambriento y se lanzaron con muy pocos modales sobre el plato de comida seca.

Joaquín condujo a su amiga a la biblioteca. Aquel era el reino de las hermanas Madame Curie y María Antonieta. Ambas lucían imponentes sobre el escritorio de caoba e ignoraron completamente a los intrusos. Poniendo los ojos en blanco ante el desplante, el muchacho invitó a Gabriela a recorrer el resto de la casa. El lugar se sentía muy distinto sin el anciano cascarrabias. Su ausencia se notaba demasiado. El chico esperaba escuchar en cualquier momento su voz chillona, regañándolo por alguna cosa, o sentir su extraño olor, como a una mezcla de talco, barniz y hojas de menta secas. Aquella antigua casa estaba decorada con vistosos azulejos de tonalidades verdes y doradas, que al recibir la luz del sol a través de los ventanales de madera, daba la impresión de ser un caleidoscopio gigante. Era casi como si las paredes se hubieran llenado del mar cuyo aroma se colaba por las ventanas que daban a La Perla y más allá. El piso era igual a un tablero de ajedrez y las vigas de caoba del techo, a un pentagrama. El viejo morador de ese lugar de hermosura guardada solo utilizaba la mitad del espacio, quedando prácticamente abandonados tres cuartos, el comedor y un baño, cuyos muebles estaban cubiertos por sábanas amarillentas.

Un estrecho pasillo moría en un patio interior casi en ruinas. Los chicos revisaron cada rincón sin hallar el testamento.

Gabriela llegó a la conclusión de que el lugar de la casa en el que, probablemente, don Fulgencio había escondido el documento era la biblioteca. Al entrar, enseguida comprendió el gusto del anciano por aquella habitación. A pesar del calor insoportable, causado por las ventanas cerradas, y el fuerte olor a humedad y encierro, resultaba

56

fascinante la cantidad de libros que había coleccionado aquel hombre durante toda su vida. Los había de ciencias, matemáticas, política, historia, economía, religión... Además, abundaban los de literatura, de todas partes del mundo: poemarios, novelas, colecciones de cuentos, obras teatrales. Casi no había espacio para nada más. Los libreros cubrían tres de las cuatro paredes y los libros que no estaban en ellos, descansaban en las sillas, el piso, el escritorio. En la cuarta pared había dos enormes ventanales. Un cuadro de Don Quijote, luchando contra los gigantes, se encontraba en medio de ellos. Gabriela, con el pelo alborotado y lleno de telarañas, se encontraba sin aliento.

Sobre el escritorio de don Fulgencio había un globo terráqueo, una caja, una lámpara de lectura, entre varias otras cosas. En las gavetas, Joaquín encontró mapas, libretas, papeles, pero nada parecido a un testamento.

-- ¿De verdad creíste que sería tan sencillo? --dijo Gabriela, burlona. Su sonrisa dejaba al descubierto un espacio entre sus dientes delanteros, por los que pasaba el aire, haciendo un gracioso silbido.

-- Nada se pierde con intentarlo.

-- Recuerda que don Fulgencio te dejó unas claves. Hay que encontrarlas para dar con el testamento. Así de fácil.

-- Unjú. Así de fácil, bah --dijo el chico, como cuando su equipo no metía un gol en todo un juego. Gabriela podía ponerse muy pesada, cuando quería.

Ella se sentó ante el escritorio de don Fulgencio y se puso a pensar. Cuando Joaquín estaba a punto de quedarse dormido en su silla, lo jamaqueó tan fuerte que, por poco, lo tira al piso. No se había imaginado que ella fuera tan fuerte. Tuvo que poner las manos en el sillón favorito del anciano para no caerse. Se apartó enseguida.

-- Joaquín, ¿trajiste la carta? Dámela, rápido.

-- Sí, chica, aquí la tengo. Toma.

-- ¿Chequeaste bien la posdata? ¡Mira! --dijo ella, señalando con emoción la parte final de la carta de don Fulgencio, donde decía: "P.S. Saluda a mis adorados gatos de mi parte, especialmente a mi Madame Curie, ¡una gata tan lista!".

-- ¿Y?

-- ¿Cómo que... y? ¡Esa es la pista! ¡Son los gatos, Madame Curie! --dijo ella, triunfal, acercándose a la gata persa, de enormes ojos verdes, que descansaba encima del sillón favorito de su difunto amo: "Dime, linda, ¿por qué don Fulgencio te envió saludos?".

-- ¿Así es que piensas averiguar algo? ¿Preguntándole a una gata? Sí, Madame Curie, dime dónde tu papaíto puso el testamento --dijo Joaquín, en son de burla.

-- Muy gracioso, Joaquín. ¿A qué no sabes quién era Madame Curie?

--Pues, no.

59

-- Si leyeras más, quizás, te enterabas de algunas cositas de vez en cuando. Para tú información, era una científica famosa, ganadora del Premio Nobel. Hizo importantes experimentos con la radiactividad.

-- Mr. Soto nos habló un poco de eso la semana pasada, pero sigo sin entender qué tiene que ver con el testamento. A menos de que don Fulgencio fuera un científico, que hiciera experimentos secretos con radio... --se atrevió a sugerir él.

-- Excelente teoría.

-- ¿De verdad?

-- No.

De momento, algo llamó su atención. No sabía cómo no lo había notado antes. En un elegante marco dorado, encima de una mesita de té, había una foto de don Fulgencio, vestido con lo que fueron sus mejores galas hacía, por lo menos, 30 años, pero ahora estaban tan gastadas que parecían más un disfraz de Halloween. Gabriela nunca lo había visto, pero, por la descripción que le hizo Joaquín, sabía que era él: alto, flaco, con barba y espejuelos. Estaba de pie, apoyándose en un bastón de madera y, a su lado, la orgullosa Madame Curie, acostada encima de una caja cuadrada. Rápidamente, la chica recorrió la biblioteca con la mirada hasta que dio con el lugar exacto en que fue tomada la foto: en la esquina izquierda del escritorio. Lo supo porque allí vio la caja de la foto, pero no era una caja, sino otra cosa: un radio antiguo.

-- ¡Se refería al radio! ¡Madame Curie y el radio! --gritó Gabriela, mientras se dirigía, dando brincos de emoción, hacia el viejo aparato electrónico. Lo levantó y, debajo de él, pegado con cinta adhesiva, encontró un papel, doblado por la mitad, que decía: "Felicidades, Joaquín. Has pasado la primera prueba. Aquí, la próxima pista: Aunque no lo creas, después de viejo, me divertía mucho ver El chavo del Ocho. Esos niños me hacían gozar: Kiko, Chavo, Ñoño... Bah, los niños de ahora, no ven esos programas. ¡Sigue adelante! Fulgencio".

El sonido de unas llaves les anunció que era hora de irse. Ricardo se preparaba para cerrar la casa.

-- Creo que me voy a poner a averiguar algo sobre Madame Curie en la Internet, para que no me cuenten --dijo inesperadamente Joaquín, mientras salían de la biblioteca. Gabriela volteó la cabeza, encontrándose otra vez con la foto del anciano, cuya sonrisa pícara no dejó de intrigarla.

XI

Ricardo consulta con Victoria Leal

Ante los acontecimientos de los últimos días, Ricardo decidió consultar con Victoria Leal, la abogada de don Fulgencio durante muchos años. Como estaba retirada, la visitó en su casa, donde ella le dijo que estaría encantada de recibirlo, porque le aburría bastante estar sin trabajar. Pasaba sus días en una encantadora casona de madera pintada de azul añil, con techo a dos aguas, en el pueblo de Corozal. Una de sus nietas, a quien le había heredado su gusto por los espacios abiertos, se había mudado con ella tras la muerte de su abuelo. Doña Victoria tenía unos 70 años. Se conservaba muy bien. Era una anciana elegante, aunque poco agraciada. Tenía los ojos muy juntos y la nariz demasiado grande para el tamaño de su cara. Sin embargo, tenía un envidiable sentido del humor. "Por eso, pudo lidiar con un hombre tan difícil como mi padrino", pensó Ricardo, mientras se sentaba a su lado en un cómodo sillón de madera en el balcón de la casa. Dos tazas de café bien cargado los esperaban sobre una mesa plegable.

-- Fulgencio era un hombre muy pomposo, teatral, pero buena persona, en el fondo. Le gustaba darse importancia. Eso era todo --dijo doña Victoria, mientras le ofrecía una de las tazas a Ricardo.

-- Esa carta que le dejó a mi hijo me ha sorprendido mucho.

-- La verdad es que no sabía lo que había en el sobre. Solo seguí las instrucciones que me dio. Bueno, me lo pidió como un favor de amigos, porque, como sabes, estoy retirada-- aclaró la anciana.

-- Le confieso que pensé en romper la carta, pero después no me sentí con el derecho de hacerlo. Era para Joaquín, no para mí. Mi esposa y yo decidimos confiar en él.

-- ¿Crees que hicieron bien?

-- No lo sé, doña Victoria, no lo sé. Me preocupa que mi hijo se sienta presionado a cumplir con el reto de mi padrino y, si no lo logra, termine frustrándose.

-- Es lo mismo que me preocupa a mí. Me parece mucha presión para un niño, pero creo que hicieron bien. Tenía derecho a saberlo.

-- Creo que, por el momento, disfruta mucho jugando a los detectives con una amiga.

-- Vaya, vaya.

-- Hace unos días recibí una visita inesperada: unos parientes lejanos de la difunta esposa de mi padrino. Se veían muy afectados por su muerte.

-- Ah, sí, ya los conocí. Vinieron a verme. Estaban muy interesados en saber todo lo relacionado con la herencia de Fulgencio. Él me había comentado que había unos primos lejanos de su esposa que vivían en Colorado, pero creo que nunca los llegó a conocer en persona.

-- ¿Qué pasará con la fortuna de mi padrino?

-- Pues, es difícil decirlo. Las leyes de herencia son complicadas. Ellos tendrían que probar su parentesco y, aún así, se trata de familiares de su esposa, no suyos. No será tan fácil, pero no se sabe. Lo que sí te puedo asegurar es que si tu hijo no encuentra el supuesto testamento escondido, no tendrás derecho a nada, porque no te une ningún lazo sanguíneo con él. Como podrás imaginar, no fui yo quien redactó el documento. Ni siquiera sabía que tuviera testamento. Las veces que le hablé del tema me comentó que le faltaba mucho para morirse.

-- Lo entiendo.

-- Me gustaría que recibieras esa herencia. Fulgencio me habló mucho de ti. Aunque era un viejo majadero, te quería y te estaba muy agradecido. A veces, pasamos por alto, justamente, a las personas que siempre han estado ahí para nosotros.

-- Nunca dudé de su cariño, y lo que hice por él, fue porque también le estaba agradecido. Admito que a veces me sacaba de quicio porque sentía que, aunque me esforzaba, nunca lograba complacerlo.

-- Conocí bien a Fulgencio. Podía ser insoportable. No comprendo las razones que tuvo para complicar las cosas de este modo, pero espero que tu hijo logre encontrar el testamento. Si hay alguien que merece esa herencia, eres tú.

-- Mi padrino me dijo muchas veces que sería su heredero, pero, como era un hombre tan extraño, nunca lo tomé verdaderamente en serio. Quizás, usted no lo crea, pero no me hice cargo de él pensando en su dinero.

-- No me cabe la menor duda, Ricardo. Sé que él tampoco lo pensaba.

XII

Joaquín y Gabriela hacen la asignación

El haber encontrado la segunda pista de don Fulgencio tenía a los muchachos muy emocionados, aunque se imaginaban que todavía les esperaban algunas dificultades. Gabriela, incansable como siempre, había bajado de la Internet algunos episodios del Chavo. Sospechaba que don Fulgencio no esperaba que vieran todos los que existían, así que escogió los títulos que le llamaron más la atención. El sábado, por la tarde, Joaquín y ella se sentarían un buen rato, acompañados de *popcorn* y refrescos, a ver las aventuras del Chavo y sus amigos. Aunque Gabriela había escuchado hablar mucho del programa, solo había visto uno que otro capítulo, de vez en cuando. Sus padres, en cambio, se decían fieles admiradores desde que eran niños. Hasta Sandra admitió, a regañadientes, que había visto algunos episodios, aunque ella prefería StrangerThings.

-- Joaquín, ¿qué tal? Gabriela te espera en la sala --le dijo Ernesto, al abrirle la puerta.

-- Gracias, don Ernesto.

-- *Wow*, yo era loco con El Chavo. No me lo perdía, aunque me gustaba más El Chapulín: "No contaban con mi astucia"-- terminó diciendo, mientras daba un brinco, para sorpresa de Joaquín y vergüenza de Sandra, que, casualmente, pasaba por allí.

Ya en la sala, Joaquín se dio cuenta de que su amiga, más que interesada en divertirse con los videos, estaba lista para trabajar. Había algunas revistas, una computadora y varias libretas encima de la mesa, así como el papel que habían encontrado debajo del radio de don Fulgencio.

-- Hey, Joaco. Me metí en Wikipedia y leí algunas cosas sobre El Chavo. Además, Papi me dio una conferencia ayer. Es un fanático.

--Ya me di cuenta --dijo Joaquín, recordando el incómodo incidente.

-- No conocí a don Fulgencio, pero me cuesta imaginármelo viendo estos programas. Tú dices que era medio amargado, ¿no?

-- Mucho. Yo tampoco me lo imagino.

-- Pues, no es la primera sorpresita que da. Sospecho que en el fondo no era como tú piensas.

-- Ajá. He pensado mucho en eso últimamente.

Los chicos estuvieron toda la tarde viendo los videos de los episodios del Chavo. No paraban de reírse, especialmente de las imitaciones que hacía Ernesto de casi todos los personajes. La de la Bruja del 71, fue inolvidable. Hasta Sandra terminó sentándose allí con ellos. Incluso, el inicio de una guerra de *popcorn* fue detenido a tiempo por Mónica, que, a pesar de estar de buen humor, se veía un poco distraída. La pasaron tan bien que hasta se les olvidó su misión principal: descubrir la clave secreta.

-- Bueno, ¿se te ocurre algo? A mí, nada --admitió Gabriela, no muy contenta.

--No sé. Todavía ni me puedo imaginar a don Fulgencio relajándose esto.

Ya llevaban tres horas pegados viendo El Chavo, y no acababan de descubrir la pista. Cuando estaban a punto de rendirse, Joaquín brincó del asiento, gritando: "¡Eso es!".

-- ¿Qué? --preguntó ella, mientras buscaba en la pantalla a lo que él se refería.

-- ¡La Chilindrina!

-- ¿Qué pasa con ella? ¿Te gusta?

-- No, Nena, no. Que se llama María Antonieta, ¡como la gata!

-- Eres un genio, Joaco --gritó ella, echándole los brazos al cuello. Después de que empezaron a dar brincos, abrazados, se dieron cuenta de lo que hacían y se separaron abochornados.

-- Umm, *sorry*. Me emocioné.

-- Ah, eh, me tengo que ir. Nos vemos mañana --dijo Joaquín y salió disparado para su casa.

XIII

Sandra hace un favor

Esa noche, Joaquín no pudo dormir de la emoción. Acababa de descubrir una pista, él solo. Se sentía ansioso por ir a la casa a comprobar si estaba en lo cierto. Aunque no le encantaban los gatos, le daban ganas de abrazar a María Antonieta. Como no durmió bien, se levantó bastante tarde y, para su desilusión, Ricardo ya había ido a alimentar a los gatos, pues tenía varias gestiones más para ese día. Agarró el teléfono y llamó a Gabriela:

-- Mira, ya Papi fue a la casa y no piensa volver hoy. Además, se fue a un reencuentro de su clase graduada. No sé cómo vamos a llegar allá a comprobar lo de la pista.

-- Sí, buenos días a ti también, Joaquín-- le contestó ella con ironía.

-- Mala mía, estoy bien *hyper* con eso. Buenos días.

-- Pues, no creo que mis papás nos puedan llevar porque hoy tienen un torneo de *bowling* toda la tarde.

-- Ay, ¡qué chavienda!

-- Bueno, hay una posible solución: mi hermana. Ella tiene licencia de aprendizaje. Quizás, la convenzamos de que nos lleve.

-- ¿Crees que lo haga? --preguntó, dudoso, Joaquín, porque ya sabía cómo era Sandra.

-- Se puede intentar. Déjame hablar con ella y te aviso.

-- Ok, *bye*.

Gabriela encontró a Sandra en su cuarto, pintándose las uñas de un amarillo chillón.

-- ¿Qué haces en mi cuarto? Sabes que no me gusta que nadie entre aquí -- fue lo primero que le dijo al verla.

-- Necesito un favor -- le contestó Gabriela, sentándose en el borde de la cama.

Sandra había pasado por muchas etapas durante su adolescencia. Ahora, le tocaba el turno a un supuesto estilo gótico, así que su cuarto lucía un poco tenebroso. No se puede decir que la relación entre ellas fuera muy unida. Eran muchachas completamente diferentes. Sin embargo, lejos de no llevarse con ella, Gabriela admiraba su carácter rebelde y solía defenderla ante sus padres, cosa que su hermana no sabía. Sandra, por su parte, no podía evitar sentir celos de Gabriela, algo bastante frecuente entre hermanos. Consideraba que ella era más inteligente y aplicada, y eso la hacía sentir insegura en su presencia.

-- ¿Qué quieres?

-- Que nos lleves a Joaquín y a mí a casa del padrino de su papá, en el Viejo San Juan.

-- Mami y Papi no me dejan guiar sin un adulto hasta que saque la licencia. Lo sabes --le contestó Sandra, sin mirarla siquiera.

-- Bueno, no tienen que enterarse. Van a estar ocupados toda la tarde.

-- ¿Qué? Tú, pidiéndome que desobedezca a Papi y Mami. ¿Te sientes bien? --respondió Sandra, entre sorprendida y divertida. Tenía una sonrisa encantadora, aunque no la exhibía demasiado.

-- Es por una buena causa. Si no encontramos el testamento, el papá de Joaquín no podrá heredar los chavos de su padrino —le explicó su hermana, consciente de que lo que le proponía implicaba desobedecer a sus padres.

-- Unjú.

-- Esa gente pondrá a dormir a los gatos porque no los quieren –dijo Gabriela, jugándose una carta importante: la debilidad de Sandra por los animales. Curiosamente, una chica tan indiferente como ella, cambiaba de actitud, cuando se trataba de salvar o proteger a los animales.

-- ¡No se atreverían!

-- ¡Claro que sí!

-- *Ok*, los llevo, pero si nos descubren, tú serás la responsable. Y otra cosa...si van a regalar a los gatos, quiero uno.

-- ¡Trato hecho!

XIV

Un encuentro casual

Joaquín no estaba muy seguro de que fuera buena idea que Sandra los llevara a la casa del Viejo San Juan, pero la chica guio bastante bien. Cuando llegaron, los gatos, como siempre, estaban maullando detrás de la puerta. De repente, se abrió y salieron tres personas: una señora mayor, un hombre bajito y una elegante mujer. Estaban igual de sorprendidos que los chicos de verlos. De los tres, Joaquín solo conocía a doña Pura, la señora que antes limpiaba la casa de don Fulgencio. Ella siempre había sido bien chévere con él y, a veces, le daba dulces a escondidas del anciano. Sin embargo, esta vez lo miró con antipatía, casi con desprecio. A los otros dos, los había visto en su casa, cuando fueron a visitar a su padre: eran los parientes de la esposa de don Fulgencio. Por alguna extraña razón, seguían usando sus abrigos a pesar del calor casi insoportable.

-- ¿Qué hacen ustedes aquí? --preguntó la señora, de mal humor. Tenía los ojos verdes y el pelo blanco con algunos mechones rojizos, recogidos en una gruesa trenza. Gabriela pensó que lucía muy bien. Seguramente, habría sido una joven atractiva.

-- Vinimos a ver a los gatos, doña Pura --le contestó Joaquín amablemente.

-- Pues no tienen que venir aquí a nada, porque estos son los nuevos dueños de la casa y no quieren visitas.

-- No sabía que ya se había leído el testamento –intervino Gabriela, a propósito.

-- No hay ningún testamento. Ellos son los parientes más cercanos de don Fulgencio y, por eso, se quedan con todo-- dijo la señora, mirando muy mal a la niña desconocida que se atrevía a opinar en donde no la llamaban.

-- ¡Sí, hay un testamento! –gritó Joaquín, sin poder controlarse, a pesar de la mirada de alerta que le dio Gabriela.

--Eso es así --comentó Mime, para luego recibir un fuerte pisotón de doña Pura, que siguió diciendo: "No hay ningún testamento. Tu padre perdió su tiempo con el viejo".

-- No sabía que ustedes se conocían --se le ocurrió decir a Joaquín, de repente. Por un instante, doña Pura pareció perder el control. No tenía planeado qué decir. "Condenado mocoso", se dijo para sus adentros, pero se recuperó rápidamente.

-- La licenciada Leal me pidió que les enseñara la casa porque todavía tengo las llaves. Siempre fui muy apegada a don Fulgencio y, por lo tanto, a su verdadera familia.

En ese momento, se escuchó, por primera vez, una voz grave. Era la mujer alta y obesa, la hermana gemela del chiquitín pelirrojo que se había mantenido callada hasta ese momento.

-- En cuanto a los gatos... --dijo ella, mirándose las rosadas y largas uñas contra la luz del sol-- estoy segura de que no sufrirán. Cuentan que ni se dan cuenta cuando los ponen a dormir.

-- ¿Qué? --gritaron los tres chicos a la vez.

-- No pensarán que nos vamos a quedar con esos gatos pulgosos.

-- Bueno, basta de bla blabla. Ustedes regresen por donde vinieron. Esta casa tiene nuevos dueños --dijo doña Pura, ahuyentándolos como si fueran gallinas.

-- Eso es así --repitió Mime, con su natural elocuencia.

--No se preocupe, doña Pura, deje que se despidan de los gatitos. Pronto no los volverán a ver-- terminó la mujer, mientras se alejaba por la acera, seguida de los otros dos.

Cuando estuvieron fuera del alcance de la vista de los niños, Vanessa cambió completamente de actitud. Parecía muy preocupada. No contaba con que las cosas se complicarían tanto. Su tía Pura le hizo creer que todo era cuestión de hacerse pasar por una tonta con aires de misionera y soportar a su primo Mime, como su supuesto hermano gemelo, por unos días. Ahora este dichoso testamento cambiaba mucho las cosas.

-- No me habías dicho que el viejo había dejado un testamento-- le reprochó a su tía.

-- No seas ridícula. No hay ningún testamento.

-- Si aparece...

-- ¿Te quedaste sorda? Te acabo de decir que no hay ningún testamento.

-- Eso es así --dijo Mime, corriendo, para alcanzar a su madre.

-- Lo que a esos niños les interesa son los pulgosos esos. Entre más rápido salgamos de ellos, mejor --dijo doña Pura.

Los tres se alejaron dando tumbos entre los adoquines de la calle del Cristo.

XV

María Antonieta

Aunque trataban de disimularlo, a los muchachos les afectó mucho la conversación con el siniestro trío. "Esos gemelos serían los perfectos malos de una película" --se imaginó Joaquín, no sin cierto entusiasmo. Harían un buen papel de sofisticados ladrones de joyas que escondían su botín en los bolsillos de sus extraños abrigos o de traficantes de chocolates rellenos de almendras en las cárceles del país. "A la verdad que esos supuestos gemelos son tan ridículos que no servirían ni para una película mala", pensó Gabriela. Mientras estas y otras cosas pasaban por sus mentes, los gatos seguían maullando detrás de la puerta. Sandra se volvió loca con ellos. Nadie se hubiera imaginado que esa chica, con aspecto rebelde y un poco amenazante, se tirara al piso a jugar con cinco gatos. Desde el principio, fue obvia su preferencia por la orgullosa Madame Curie, pero la chulería de Pirulí, también, le atraía. La gata caminaba con la elegancia de una modelo de pasarela sobre el escritorio de don Fulgencio, mientras el gatito daba piruetas sobre la alfombra persa. Gabriela y Joaquín aprovecharon que estaba entretenida para dedicarse a su búsqueda del dichoso testamento escondido. Ahora sí que había que encontrarlo y rápido.

María Antonieta era una gata arisca, así que se mantenía un poco apartada, pero sin perder de vista todos los movimientos de Sandra y el resto de los gatos. Gabriela se le acercó y empezó a acariciar su lomo, con cuidado, para no asustarla. Joaquín, por su parte, no lograba que el zalamero de Cervantes dejara de frotarse constantemente contra sus piernas. Tras tomarse su tiempo, como toda una reina, María Antonieta se sentó sobre las piernas de Gabriela. La chica continuó acariciándola, mientras examinaba su collar. No encontró nada. Si estaba desilusionada, Joaquín no lo notó. No era de las que se rinden fácilmente.

-- Quizás, metí la pata y no era esa la pista de don Fulgencio --dijo Joaquín.

-- No, las pistas tienen que ver con los gatos. Cada vez estoy más segura de eso.

-- Pero la gata no tiene nada en su collar. Puede ser que no sea ella. ¿Y si es otra cosa en la casa?

Gabriela estuvo de acuerdo con hacer otra búsqueda. Registraron todas las gavetas y los clósets. Miraron debajo de las camas y del resto de los muebles. Buscaron hasta dentro de la nevera entre una lechuga chamuscada y unos huevos rancios.

Basta con decir que no dejaron ni una esquina sin inspeccionar. No se puede decir que no encontraran nada interesante: había cartas, fotos, recortes de periódico, recetas de cocina, flores secas, partituras de música, esquelas y muchas otras cosas que hablaban de la persona que había sido don Fulgencio Castillo Palacios. Era obvio que disfrutaba mucho de la lectura, pero, además, tenía algo de escritor, a juzgar por los poemas que aparecieron escondidos debajo del colchón de su cama, y que estaban firmados con las iniciales "FCP". También, para sorpresa de Joaquín, por una medalla ya mohosa, se enteraron de que había sido jugador de fútbol en su juventud.

-- *Wow*. A la verdad que no me esperaba esto. Don Fulgencio, jugador de fútbol, ¡y portero, para colmo! -- dijo Joaquín, sin disimular su emoción.

-- Creo que como lo conociste ya viejo y bastante amargado, no pensaste que también fue joven como nosotros.

-- ¡Qué mal! No fui tan inteligente como don Fulgencio esperaba. Ni me di cuenta a tiempo de cómo era él ni encontré el testamento.

-- ¡Eso te lo hubiera dicho yo, Nene! – intervino inesperadamente Sandra.

-- Chica, no es el momento de ponerse pesada – le advirtió su hermana.

Sandra estaba sentada en el piso de la biblioteca rodeada del montón de papeles, revistas y fotos que los muchachos habían encontrado en su búsqueda, y los habían ido poniendo allí en desorden.

Con cierta dificultad, trataba de espantar a los gatos que se empeñaban en acostarse justo encima de lo que examinaba en ese momento. Se trataba de un libro grueso y desgastado por el uso, forrado de marrón, del que ella había sacado una hoja de papel amarillenta.

-- No me pongo pesada, ridícula. Es la verdad. Si fuera inteligente se hubiera dado cuenta de que tiene la pista en sus propias narices. Miren bien a María Antonieta. ¿No se dan cuenta? Es toda blanca con una mancha amarilla en la cara.

Ella había puesto el papel al lado de la gata, que estaba acostada tranquilamente encima de un almanaque, como si la cosa no fuera con ella. Los muchachos se acercaron y vieron un impresionante dibujo de la misma gata hecho a lápiz, pero lo que más les llamó la atención fueron las palabras escritas en la parte de abajo del papel: "María Antonieta de La Mancha, FCP".

XVI

Una sorpresa desagradable

Gabriela y Joaquín no reaccionaron inmediatamente al dramático descubrimiento de Sandra. La sorpresa les duró varios minutos. No podían creer que se les hubiera pasado por alto cuando revisaron mil veces esos papeles, y que fuera, justamente, la indiferente Sandra la que encontrara la siguiente pista para aclarar el misterio del testamento escondido. Sin embargo, fue la propia chica la que rompió el silencio al decir que debían irse rápido si querían llegar a casa antes que sus padres. Se despidió con tristeza de los gatos, que no paraban de maullar mientras la perseguían hasta la puerta, pero les prometió regresar pronto a visitarlos. Al salir de la casa, Gabriela llevaba en sus manos el dibujo de María Antonieta y el libro: *El ingenioso hidalgo don Quijote de La Mancha,* de Miguel de Cervantes Saavedra.

De camino a casa, Gabriela y Joaquín no paraban de hablar de la nueva pista encontrada. Planeaban regresar a la casa lo más pronto posible para continuar con su investigación. Aunque hubiera preferido morir antes que admitirlo, Sandra se sentía muy emocionada por haber ayudado en la búsqueda del testamento. Por supuesto, no por Joaquín, sino por los pobrecitos e indefensos gatos. Al llegar a la calle de su casa, ya desde la esquina, notaron que estaban los carros de sus padres.

Ricardo, Mónica y Ernesto los esperaban, con caras de pocos amigos, en el balcón de la casa de los Fuentes. Sandra se estacionó y los tres bajaron del carro muy serios y cabizbajos. Todos entraron a la casa.

-- Quisiera saber cómo rayos te atreviste a llevarte el carro sin tener licencia ni permiso, Sandra –dijo Ernesto. Sus cachetes comenzaron a inflarse ante los ojos de los demás. Siempre le pasaba lo mismo cuando se enojaba.

-- Yo…

-- Es mi culpa, yo le pedí a Sandra que nos hiciera el favor de llevarnos –aclaró Gabriela, nerviosa. Se frotaba las manos, como Joaquín había visto hacer a su madre el otro día.

-- ¿A dónde fueron? –quiso saber Mónica, con apariencia cansada.

-- Fuimos… a casa del padrino de don Ricardo –admitió Gabriela, mirando de reojo a un asustado Joaquín.

-- ¿Para qué fueron allí? –preguntó Ernesto, sin poder evitar la curiosidad.

-- Ernesto, Mónica, sé por qué los muchachos fueron a casa de mi padrino. Lamento mucho este desagradable incidente –dijo Ricardo, cuyos ojos manifestaban algo parecido a la tristeza.

-- Papi, yo... -empezó a decir Joaquín, con un chorrito de voz.

-- Con quienes tienes que excusarte es con ellos, por haber metido a sus hijas en este lío.

-- Perdónenme.

-- Me molesta que hayas metido a mis hijas en lo que sea que esté pasando, pero eso no las excusa. Ellas saben muy bien las reglas de esta casa –le contestó Ernesto. Mirando a sus hijas, continuó: "Vayan ahora mismo a sus cuartos. Están castigadas. Hablaremos luego. Las dos tienen mucho que explicar".

Las chicas salieron disparadas de allí. Al pasar por el lado de Joaquín, Gabriela le guiñó un ojo. "¡Esta nena no cambia!", pensó él.

-- Es hora de irnos, Joaquín –le dijo Ricardo a su hijo. "Me siento muy avergonzado por todo esto, Mónica. Jamás pensé que las cosas llegaran a este nivel", volvió a disculparse Ricardo.

-- No te preocupes. Los niños a veces hacen cosas sin pensar en las consecuencias-- le contestó ella, con una sonrisa gastada.

-- Gracias.

Al regresar a su casa, Ricardo le pidió a su hijo que se sentara en el sofá de la sala, pues quería hablar seriamente con él. Joaquín se sentía muy triste. Nunca había visto esa expresión de desilusión en la cara de su padre. En ese momento deseaba con todo su corazón que su mamá estuviera allí. De hecho, estaba ansioso por encerrarse en su cuarto para llamarla. Ella siempre sabía qué decir para hacerlo sentir mejor.

-- Joaquín, ahora me doy cuenta de que nunca debí darte la carta de padrino y permitir que te metieras en este asunto. He sido un irresponsable y lo lamento. Por mi culpa, animaste a las muchachas a desobedecer a sus padres, arriesgándose de esa forma.

-- No es tu culpa, Papi; fui yo —sollozaba Joaquín. Lágrimas imprudentes corrían apresuradas por su cara y se refugiaban bajo su barbilla.

-- Es cierto. Tú también eres responsable y tendrás tu castigo. Además, quiero que te olvides del dichoso testamento. Te prohíbo que lo sigas buscando.

-- Pero, Papi, don Fulgencio...

-- Ahora me doy cuenta de que mi viejo padrino ya no estaba en su sano juicio cuando tuvo esta idea absurda.

--¡No! ¡Él no estaba loco! Sabía que yo podía encontrarlo— gritó el chico.

-- Joaquín...- empezó a decir su padre, pero el niño corrió a su cuarto y cerró la puerta.

¿Hasta aquí llegó la búsqueda del testamento escondido? Eso está por verse.

XVII

Pregúntale a Mrs. Lugo

Durante dos semanas, Joaquín y Gabriela casi no tuvieron oportunidad de hablar. A penas tenían tiempo para saludarse en los cambios de clase. Aparte del castigo en casa, ella estuvo muy ocupada dándole tutorías de inglés a Kelvin, tarea que no resultó nada fácil al principio. Sin embargo, con el paso de los días, entre quejas y refunfuños de ambas partes, descubrieron que compartían el gusto por las películas de muñequitos japonesas (en inglés, claro) y los sándwiches de atún y garbanzos con mantequilla de maní. Gabriela resultó ser una excelente tutora y Kelvin demostró ser mejor alumno de lo que los dos hubieran pensado. Por instrucciones de Ricardo, Joaquín se dedicó a organizar alfabéticamente la biblioteca de su casa. En cuanto a Sandra, sus padres decidieron que debía esperar seis meses más para sacar su licencia de conducir, así como tomar un cursillo de responsabilidad en la carretera. Aunque ninguno de los tres estaba brincando de la alegría, consideraron que pudo haber sido peor, así que ni se les ocurrió protestar.

Una tarde, después de la clase de Matemáticas, Joaquín encontró a Gabriela sentada en un banquito del patio interior de la escuela. La reconoció desde lejos por la gran diadema de colores que tenía en la cabeza. Leía tranquilamente el libro que había sacado de la casa de don Fulgencio aquella terrible tarde: *El Quijote.*

-- Pensé que te habías rendido ya-- le dijo él, sentándose a su lado. Aprovechó para tomarse un jugo caliente que guardaba en el bulto.

-- No puedo. Tengo que saber --contestó ella.

No podía ser de otra forma. Gabriela era muy inteligente y lo sabía. Por eso, se tomaba tan en serio las cosas que ponían a prueba esa virtud. Además, su curiosidad era enorme.

-- Papi me dijo que me olvidara de eso --se atrevió a decir tímidamente Joaquín, porque imaginaba que eso la decepcionaría.

-- Ajá. Oye, terminé de leer este libro ayer y no encontré nada importante para nuestro asunto-- admitió ella, ignorando por completo lo que él acababa de decirle.

-- Pues eso era todo, entonces.

-- ¡Claro que no! --contestó ella, poniéndose de pie de un salto.

Joaquín estuvo a punto de echarse a reír por la forma en que se le torció la diadema por el movimiento brusco, pero su seriedad lo detuvo. -- ¡No me digas que te vas a rendir ahora!

-- Mi papá...

-- Tu papá estaba molesto contigo por lo que hicimos, pero estoy segura de que si logras encontrar el testamento, va a estar súper orgulloso de ti. Piensa que, si no aparece, esa gente extraña se quedará con todo, hasta con los gatos.

-- ¿Tú crees?

-- Estoy segura.

-- Uhhhhmmmm... *ok*. Solo espero que mi papá no me ponga ahora a limpiar el baño todos los días si se entera de que no le hice caso --dijo él, temblando de pensarlo. Aún recordaba la última vez que lo hizo, cuando se le cayó el pote de detergente dentro del inodoro. Estuvo como media hora pensando en cómo sacarlo de ahí.

-- Mira, lo único que me pareció un poco raro fue esto --dijo Gabriela, ignorándolo de nuevo, y enseñándole las letras VL, escritas con lápiz, debajo de una lámina en la que aparecía la batalla de don Quijote con los gigantes, igual al cuadro que había en la biblioteca de don Fulgencio.

-- ¿No es un número romano? –intentó adivinar Joaquín.

-- Quizá. Nunca los he entendido bien-- admitió ella, avergonzada. La verdad es que todo lo que tenía que ver con las matemáticas no era su fuerte.

-- La V es cinco y la L es...50, creo.

-- ¿Entonces, es 55?

-- Creo que sí...

-- Este libro tiene 52 capítulos.

En ese momento, pasó por allí Mrs. Lugo, la maestra de español. Iba caminando tan rápido que no vio a los muchachos hablando en el banquito. El viento movía su larga falda, y como era tan flaca y alta, parecía una sombrilla de playa. La verdad es que era una buena maestra, pero un poco distraída. Gabriela la llamó. Ella miró para todos lados hasta que los vio y fue hacia ellos.

-- Hey, muchachos. ¿Qué hacen aquí? ¿No tienen clases? -- dijo, a punto de regañarlos.

-- Estamos en la hora libre.

-- Ah, bien. ¡Qué bueno verlos! Me voy porque me están esperando los de cuarto.

-- Mrs., ¿usted ha leído este libro, verdad? --le preguntó Gabriela, enseñándoselo.

-- Claro que sí. *El Quijote* es uno de mis libros favoritos. Acá entre nosotros, me gusta más la segunda parte.

-- ¿Segunda parte? –gritaron los dos muchachos a coro.

-- Sí, esta obra tiene dos partes, muchachos.

-- Ahhhh, con razón no encontrábamos este capítulo --dijo Gabriela enseñándole las letras.

-- Ay, Gabriela, este no es un número.

-- ¿No es el 55 romano, Mrs?—insistió tercamente.

-- No, el 55 es LV y el 45 es XLV. ¿No lo recuerdan? Ahora sí me tengo que ir. No dejen de leer la segunda parte de la novela --dijo mientras se alejaba casi corriendo rumbo a su salón. Cuando estaba llegando al edificio, se viró y les gritó:

-- Si me preguntan, les diría que creo que son unas iniciales.

Joaquín y Gabriela se miraron sorprendidos.

XVIII

¡A salvarlos!

A la mañana siguiente, Ricardo mecaneaba en su vieja guagua Volvo, que estaba haciendo un ruido que sonaba a perro con catarro. Mónica, como buena mecánica aficionada, se dedicó a ayudarle, mientras su esposo leía una revista, sentado cómodamente en una silla de playa. Joaquín y Gabriela estaban haciendo su asignación de Estudios Sociales en el balcón. Sandra, como siempre, se quedó encerrada en su cuarto metida en Facebook. Se trataba de un sábado normal y corriente en la urbanización Baldrich de Hato Rey. Afortunadamente, para esta historia, ocurrió un evento inesperado que cambió lo que hubiera sido una tranquila, aunque aburrida escena.

Frente a la casa de Ricardo, se estacionó un pequeño carro destartalado que hacía todos los ruidos del mundo y botaba humo por los lugares más inesperados. De su interior, bajó un hombre bajito y pelirrojo que no era desconocido: Mime, mejor dicho Christian, el pariente lejano de la difunta esposa del difunto don Fulgencio Castillo Palacios, y hermano gemelo de Cristina. Se veía muy agitado y nervioso. No paraba de mover la cabeza de un lado a otro como si lo estuviera persiguiendo una ganga de ninjas motociclistas furiosos.

Llegó casi corriendo adonde estaban Ricardo y Mónica, tratando de encontrar el origen del ruido del carro. Se notaba que casi podía respirar por el esfuerzo. Por lo menos, parecía que había olvidado el abrigo.

-- Christian, ¿está bien? ¿Pasa algo? --le preguntó Ricardo, cruzándose de brazos. Aquel hombrecillo le había causado antipatía desde la primera vez que lo vio. Además, su presencia solo podía representar problemas. ¿Qué se traería entre manos?

-- Eso es así.

-- ¿Qué pasa? --quiso saber Joaquín, acercándose a ellos, con Gabriela.

-- Lo único que yo quería era tener chavos para comprarme un Xbox y cinco docenas de donas de Krispy Kreme-- contestó Mime, a punto de llorar.

-- Señor...Mime, no lo entiendo. Tiene que hablar claro, por favor-- comentó Ricardo, tratando de no perder la paciencia. Su aspecto caricaturesco le resultaba cada vez más despreciable.

-- Pero matarlos es otra cosa, eso no, eso no es así-- fue lo único que logró sacarle.

-- ¡Van a sacrificar a los gatos! – dijo Gabriela.

-- Eso es así.

-- ¿Quién? ¿Cuándo? --preguntó Ricardo, sin poder hablar con claridad por la confusión. Ahora comprendía que la razón de la visita de Mime era muy distinta a lo que había pensado hacía unos minutos.

-- Mi...hermana y Mami se los llevaron ahora, y yo vine acá para que usted haga algo.

-- ¿A dónde se los llevaron? –intervino Mónica, por primera vez. Como estaba nerviosa pasó sus manos llenas de aceite de motor por el pelo ensortijado sin darse cuenta. En otras circunstancias todos se hubieran reído, pero en esas no.

-- Al Dr. Canino, en Río Piedras.

En ese momento, Joaquín supo que no tenían tiempo que perder: "Papi, tenemos que ir allá. No los pueden matar". Su padre asintió. De repente, salió una delegación al rescate de los gatos, dirigida por Mime, en su carro, acompañado de Ricardo. Los demás los siguieron en la guagua de Ernesto.

-- Joaquín, ¿te diste cuenta? Yo sabía que había algo bien raro con ellos --dijo Gabriela, mientras se dirigían a la oficina del Dr. Canino.

-- Sí, odian a los gatos.

-- No es eso, Nene. Es que... --comenzó a decir Gabriela, pero la interrumpieron los gritos de su padre, discutiendo con otro conductor que se había atravesado en su camino y no los dejaba avanzar. Para sorpresa de todos, el carrito destartalado de Mime se les perdió de vista por la velocidad que llevaba. Al poco tiempo, llegaron a la oficina del veterinario y entraron todos casi corriendo ante la mirada asustada de la secretaria.

-- Necesitamos hablar con el Dr. Canino-- le dijo Ricardo.

-- El doctor está ocupado con unos pacientes que serán sacrificados hoy.

--Precisamente, queremos evitar que los sacrifiquen.

-- Señor, es que... -comenzó a decir ella, pero la interrumpió el hecho de que Gabriela, Sandra y Joaquín entraron en la oficina del veterinario.

-- Oigan, no pueden pasar.

Cuando los chicos abrieron la puerta del consultorio, encontraron a Cristina y a doña Pura, sentadas frente al escritorio del Dr. Canino. Los tres parecieron muy sorprendidos por la inesperada entrada de un batallón de niños, adultos y secretarias confundidas.

-- ¿Qué pasa aquí?-- preguntó el doctor, molesto.

-- ¡No los puede matar!-- gritó Sandra, que se controló tras recibir una seria mirada de su padre.

-- ¿Quiénes son ustedes? –quiso saber el veterinario.

-- Mi nombre es Ricardo Espinoza. Esos gatos le pertenecían a mi difunto padrino, don Fulgencio Castillo Palacios.

-- Mi hermano y yo somos los herederos de Tío Fulge. Los gatos ahora son de nosotros y no los queremos --intervino Cristina, retadora.

-- Señorita Cristina, con todo respeto, aunque ustedes sean los herederos de mi padrino, no han sido certificados oficialmente, así que no tienen derecho sobre los gatos...todavía-- le contestó Ricardo.

-- ¿Por qué no acaba de entender que el viejo no le dejó ni lo que se le unta al queso?-- habló doña Pura, por primera vez.

-- Si no me cree, llame a la licenciada Leal, la abogada de don Fulgencio --le dijo Ricardo al veterinario, ignorando por completo a doña Pura. El Dr. Canino se puso a pensar durante unos minutos y, luego, tomó una decisión.

-- Tiene razón. Consultaré con la abogada. No puedo tomarme el riesgo de hacer algo ilegal-- y procedió a llamar al número que le indicaba

Ricardo. Tras unos minutos de conversación con ella, colgó el teléfono y dijo:

-- La licenciada me ha recomendado que no sacrifique a los gatos hasta que se haya declarado oficialmente quién es su dueño. Se quedarán aquí mientras tanto.

-- Gracias, doctor-- dijo Ricardo, triunfante. Su hijo saltó a sus brazos.

-- Esto es una falta de respeto-- dijo doña Pura, poniéndose de pie, con más agilidad de la que suponían sus años. Su visible enojo hacía que las aletas de su nariz se abrieran y cerraran furiosamente. Parecía un tren a punto de salir de la estación a mediodía. Cuando estaban a punto de salir de la oficina, ella y Cristina se encontraron con Mime, cuya presencia no habían notado antes.

-- Mime, ¿qué haces aquí?

-- Ehh...yo...ahh...

-- Vámonos. Hablaremos luego, tú y yo-- dijo su madre, agarrándolo por el brazo y sacándolo de la oficina. El tren avanzaba a toda marcha. Gabriela los siguió con la mirada hasta que se perdieron de vista.

XIX

El testamento encontrado

Después de la misión de rescate de los gatos en peligro de extinción, Ricardo invitó a la licenciada Leal a almorzar para agradecerle su intervención en el asunto y consultarle acerca de lo que debía hacer a continuación. A pesar de que no eran sus animales favoritos, pues prefería a los perros, el recuerdo del amor de su padrino por esas caprichosas criaturitas le impedía abandonarlas a su suerte.

A petición de Joaquín, Gabriela los acompañó a un restaurante en Santurce, donde, según Ricardo, hacían la mejor carne guisada del mundo. Entre tostones, pan con ajo, ensaladas y arroz con habichuelas, todos disfrutaron del almuerzo, especialmente la licenciada, que había hecho una excepción en su dieta para disfrutar de los platos criollos. Los chicos quedaron encantados con ella, y sorprendidos de que a su edad conservara el sentido del humor y una energía a prueba de agotamiento. Se dedicó a hacer graciosas anécdotas de su relación de amor y odio con un cliente y amigo tan difícil como don Fulgencio Castillo Palacios.

-- Fulgencio era un hombre insoportable. Nos pasábamos agarrándonos por los pelos, pero nos llevábamos muy bien-- decía entre risas.

Ricardo y los chicos le contaron en detalle todo lo que había ocurrido aquel día, desde la inesperada llegada de Mime, hasta el encuentro final con Cristina y doña Pura en la oficina del veterinario. La anciana les aseguró que hasta que no se declarara quién era el dueño legítimo de la herencia y, por ende, de los gatos, no podían sacrificarlos. Además, le recomendó a Ricardo que intentara razonar con Cristina, aprovechando el apoyo de su hermano, para que le dejara hacerse cargo de los animales. Si ella no los quería, qué más le daba dejárselos a él. Ricardo, por su parte, admitió que todavía no entendía cómo había llegado a meterse en semejante lío.

-- Bueno, aunque estoy disfrutando muchísimo, es hora de irme --dijo ella, al ver entrar a su nieta en el restaurante-- y Corozal no está aquí al lado.

Al tratar de levantarse, con la dificultad propia de una persona de su edad, se le cayó la cartera y las cosas que guardaba en ella rodaron por el piso. Entre Ricardo, los chicos y la nieta, lo recuperaron todo y volvieron a colocarlo en su lugar. Gabriela notó que debajo de la mesa había algo que brillaba y se dobló para recogerlo. Era un prendedor dorado, formado por dos grandes letras, adornadas con esmeraldas: ¡VL! De la emoción, levantó la cabeza antes de tiempo, dándose un fuerte golpe con la mesa, que casi tumbó todo lo que había encima de ella.

-- ¡VL! Joaquín, ¡VL!-- repetía una y otra vez-- ¡Qué idiota fui! ¡Victoria Leal, claro!

Al principio, Joaquín no tenía idea de qué le estaba hablando ella. Afortunadamente, no se le ocurrió que se hubiera vuelto loca, como parecía pensar su padre, de acuerdo con la expresión de su cara. Recordó claramente las dos extrañas letras que aparecían debajo de la ilustración del *Quijote*, y que habían pensado, por error, que eran números romanos: VL. ¡VL era Victoria Leal! ¡VL era la abogada de don Fulgencio!

-- Usted lo tiene una clave para Joaquín, ¿verdad? ¡La última clave!--le dijo Gabriela a la anciana, quien le devolvió una mirada de asombro desde sus ojos demasiado juntos. No tenía ni la menor idea de lo que le preguntaba la muchacha. Se rascó la cabeza, esforzándose por recordar. Había algo...

-- Lo único que se me ocurre que pudiera ser una clave es... no. No lo creo. Bueno, tal vez. En una ocasión, Fulgencio me entregó la llave de su apartado en el correo del Viejo San Juan. Tenía la manía de que la señora de la limpieza se robaba la correspondencia. Por varios años, me encargué de buscar sus cartas. Casi nunca había nada. Al retirarme lo olvidé por completo--y comenzó a buscar en el fondo de su cartera, del que sacó varias cartas, una sombrilla, un lápiz labial, dos bolígrafos, un teléfono y un paquete de toallitas desechables, hasta que dio con lo que buscaba-- Guardaba la llave en mi monedero. ¡Aquí está! Espero que esta sea lo que necesitan.

-- ¡La última clave es una... llave! – canturreaba Gabriela, bailando alrededor de la mesa con el pequeño objeto de metal entre sus manos. Joaquín la miraba sonriente. La alegría de la chica se extendió por el restaurante y todos celebraban sin saber qué.

En cuanto la licenciada Leal se marchó en compañía de su nieta, los muchachos no perdieron la oportunidad de bombardear a Ricardo con sus ruegos de que los llevara al correo del Viejo San Juan. Daban saltos a su alrededor como Cervantes y Pirulí pidiendo comida. Aunque había decidido desentenderse del asunto, no pudo dejar de contagiarse con el entusiasmo de los buscadores del testamento. Un último intento no le haría daño a nadie después de todo.

Media hora después, los tres se encontraban en un salón amplio cuyas paredes estaban llenas de pequeños cuadros enumerados y alineados desde el techo hasta el suelo. En cada uno de ellos había una cerradura. La llave que les entregó la abogada tenía grabado el número

738. Les costó varios minutos dar con el cuadro correcto: el apartado postal de don Fulgencio. Joaquín insertó la llave en la cerradura. La giró hacia la derecha. Con un suave clic se abrió lo que parecía una puerta en miniatura. Un aire frío salió de su interior. A Joaquín siempre le había intrigado lo que había al otro lado. Como el apartado estaba un poco alto para su estatura tuvo que ponerse de puntitas para poder llegar hasta el fondo. Su mano inquieta tropezó con un objeto. Lo haló hacia sí. Se trataba de un grueso sobre manila. Ricardo y Gabriela no perdían pista de sus movimientos. El chico desgarró el sobre como si se tratara de la envoltura de un regalo de cumpleaños. No tenía la menor duda de lo que hallaría en su interior. Unas grandes letras negras le dieron la razón: TESTAMENTO. Estaba fechado hacía un año y firmado por un conocido abogado de la ciudad. Mientras Ricardo revisaba su contenido, Gabriela notó que una hoja de papel había caído descuidadamente al suelo. La recogió y se la entregó al muchacho:

Joaquín:

Si estás leyendo esta nota, es que lograste encontrar el testamento. ¡Te felicito! Espero que mi querido Ricardo no esté muy enojado conmigo por lanzarte este reto. La verdad es que me molestaba verte tan pasivo e indiferente, y decidí hacer algo para cambiar eso. Los jóvenes desconocen lo preciosa y breve que es la vida y, por eso, no viven a plenitud, como nosotros los viejos. Deseo que te hayas divertido, al menos, un poco. Cuida a mis muchachos. Hasta la próxima, Fulgencio.

Levantó la vista del papel y le dijo a su amiga: "¿Sabes, Gabriela? Eres más lista que Madame Curie".

La chica volvió a bailar.

XX

Desenmascarados

Los chicos estaban emocionados con la aparición del testamento no solo porque Ricardo heredaría la fortuna de don Fulgencio, sino porque habían logrado superar el reto que le lanzó a Joaquín desde el más allá. Después de despedirse nuevamente de la licenciada Leal, decidieron ir a la casa del Viejo San Juan. Ricardo no podía ocultar la emoción de saber que su padrino siempre había correspondido a su cariño. También, se sentía aliviado porque los gatos que tanto había querido el anciano no iban a ser sacrificados, aunque eso representaba un nuevo dolor de cabeza para él. ¿Qué haría ahora con cinco gatos malcriados? "¡Ay, Padrino, ¡en qué líos me has metido!", pensó.

Se pasaron toda la tarde en la casa escogiendo las cosas que Ricardo deseaba conservar y las que donaría a un asilo de ancianos. Antes de irse, Joaquín echó un vistazo a la biblioteca, donde esperaba pasar bastante tiempo de ahora en adelante. ¡Cuándo se hubiera imaginado que le iba a empezar a interesar la lectura! ¡Hasta eso se lo debía a don Fulgencio! Cada vez más se daba cuenta de lo poco que, en realidad, había llegado a conocer a aquel viejo quisquilloso, que había resultado ser muy distinto de lo imaginado. Se acercó a la foto que seguía todavía encima del radio.

-- Gracias por todo... Padrino- dijo, y salió de la biblioteca, llevándose la foto.

Al salir de la casa, se encontraron con los hermanos Del Villar y doña Pura. Mime ni se atrevió a mirarlos, así que sospecharon que su rebeldía de la otra vez le había costado cara. La anciana, sin saludarlos siquiera, les preguntó qué hacían allí otra vez.

-- Discúlpeme, doña Pura, pero como heredero de mi padrino, tengo perfecto derecho a visitar MI casa cuando lo desee.

-- ¿Heredero? Ja --se burló ella, enseñando unos dientes afilados, como los de un lobo.

-- Pues, por si no lo saben, apareció un testamento, en el que me deja toda su fortuna.

La anciana tomó la noticia como si un caballo le hubiera pisado el dedo chiquito del pie, pero se recuperó, diciendo en tono agrio:

-- Ah, pues, pronto recibirá noticias de los abogados de estas personas.

-- ¿Abogados?-- dijeron Mime y Cristina a la vez.

-- ¡Qué bien! Así podrá explicar por qué nunca le habló a mi padrino de su parentesco con su esposa. Supongo que no deseaba que se sintiera obligado con usted.

-- ¿Mi...mi...paren...tesco?-- preguntó doña Pura, con un extraño color verdoso en su cara.

-- Si, como me han informado, usted es la madre de Mime y, obviamente, de su hermana gemela, pues su parentesco con la difunta esposa de mi padrino es aún más estrecho que el de ellos. ¡Quien debe reclamar la herencia es usted, doña Pura!-- le recomendó Ricardo, dirigiéndose a su carro, seguido de Gabriela y un Joaquín, tan enredado como si tuviera una lata de espagueti en la cabeza.

-- Papi, ¿qué es eso de que doña Pura es la mamá de esos dos? ¿Cómo lo supiste? No entiendo nada.

-- Es la madre de Mime, porque Cristina y él son tan gemelos como Ricky Martin y yo. Ah, y me lo dijo Gabriela.

-- Tú, ¿cómo lo supiste?

-- Ay, nene, cierra la boca que se te meten las moscas. No lo supe por mi asombrosa capacidad detectivesca. A Mime se le zafó aquel día en tu casa. Traté de decírtelo, pero con el revolú, no pude.

-- ¡Ahhhhhhhhhhhh!, así cualquiera.

Gabriela suspiró.

XXI

El cumpleaños de Gabriela

El cumpleaños de Gabriela, la mejor detective de Puerto Rico, a juicio de Joaquín, se celebró por todo lo alto. Ernesto y Mónica hicieron una espléndida barbacoa en el patio de su casa, a la que invitaron a medio mundo. ¡Hasta a su nuevo amigo Kelvin! Habían montado una gran carpa para protegerse del sol, y debajo, sillas y mesas para que se acomodaran a gusto los invitados. Los entremeses casi les corrían detrás a la gente, de lo muchos y variados que eran, así como los refrescos, los jugos y algunas botellas de vino, eso sí, para los adultos. Además, habían contratado a un hombre orquesta para que amenizara la actividad. Gabriela estaba feliz. Con su peculiar estilo, vestía un mahón violeta y una blusa blanca con estrellas plateadas. Lucía su melena rizada suelta.

A media tarde, llegaron los invitados de honor: Cervantes, Carlomagno, Madame Curie, María Antonieta y Pirulí, directamente del consultorio del Dr. Canino, donde estuvieron, en calidad de huéspedes, algunas semanas. Ricardo, aunque dispuesto a cumplir con los deseos de su padrino, no podía hacerse cargo de todos, así que decidió, con ayuda de Joaquín, buscarles hogares adoptivos. No era una tarea fácil, porque se trataba de gatos temperamentales, peores que estrellas de cine engreídas. Finalmente, para cumplir una vieja promesa, Sandra tuvo la primera opción, que no fue otra que Madame Curie, la preferida de don Fulgencio. La arisca María Antonieta y su hermano Carlomagno, de tan limitada participación en esta historia, se fueron a vivir al campo con la licenciada Leal, quien no se perdió el cumpleaños de la muchacha. Cuentan las malas lenguas que la distinguida abogada bailó toda la tarde y hasta se tomó su copita de vino. El zalamero de Cervantes quiso quedarse con Joaquín, quien lo interpretó como una señal del más allá para que mejorara sus hábitos de lectura. Solo el joven siamés, Pirulí, parecía tener un futuro incierto.

-- ¿Quién se quedará con Pirulí? ¿Nosotros?-- quiso saber Joaquín.

-- No, después de muchas consideraciones, he encontrado una persona para él, ya verás-- contestó su padre, mirándolo con expresión misteriosa.

Gabriela estuvo toda la tarde muy ocupada recibiendo felicitaciones y regalos de los invitados, así que, casi al final de la fiesta, tuvo tiempo de sentarse a hablar un rato con Joaquín, mientras se tomaban sendas piñas coladas en su lugar preferido, debajo del árbol de mangó. Al poco rato, apareció Mónica con los sándwiches favoritos de la cumpleañera, para sufrimiento de Joaquín: atún y garbanzos con mantequilla de maní.

-- Joaquín, ¿te conté que voy a tener un hermanito?--dijo Gabriela, mirando de reojo a su madre, a quien por poco se le cae la bandeja con todo.

-- No sé de dónde sacas esas cosas, nena --intervino Mónica, con una risita nerviosa-- "¡Esta muchacha se las sabe todas! No sé cómo se enteró si ni se lo he dicho a Ernesto", pensó, alejándose rumbo a la casa.

-- ¿Es verdad?-- preguntó Joaquín.

-- Ajá. Ha estado muy rara últimamente, así que me puse a investigar. No fue difícil descubrirlo.

-- Oye, ¿qué habrá pasado con los supuestos gemelos?-- la interrumpió él.

-- Ni idea.

En ese momento, se abrió el portón del patio y entró un visitante inesperado: nada más y nada menos que Mime. Se veía como siempre, nervioso y sudado, aunque había dejado de usar el caluroso abrigo y vestía unos pantalones cortos, que, por ser él tan bajito, le quedaban largos, y una camiseta. Se dirigió a donde estaba Ricardo y hablaron unos minutos. Luego, Ricardo entró en la casa, y regresó, trayendo en sus brazos a Pirulí. Los chicos vieron cuando se lo entregó a Mime, quien se veía profundamente emocionado. No dejaba de mecer y abrazar al asustado, a la vez, que complacido gato. ¡Nunca se sabe con estos animales! Después Mime se acercó a los chicos, acompañado de su nuevo amigo.

-- Eh...Ricardo me ha pedido que me quede con Pirulí. Espero que no les moleste.

-- ¡Nah! Va a estar bien con usted. Más todavía, después de que los salvó de las bru...--empezó a decir Joaquín, callándose al notar la metida de pata.

-- Eso es así, son un par de brujas-- aclaró Mime, sin muestra de enojo. Era un tipo simpático después de todo.

-- Espero que Pirulí no le traiga problemas con ellas --intervino Gabriela.

-- ¡Qué va! A mi prima Vanessa le dio miedo de que la metieran presa por embustera y se fue a vivir a California. Ahora le ha dado con que quiere ser actriz de cine. Piensa que pronto un productor la va a descubrir. Yo me cansé de las cosas de Mami. Le dije que no soy ningún nene chiquito, para que me mangonee como le da la gana, y me fui con mi papá, que vive en los altos de la casa de ella.

-- Me parece una buena decisión, Mime-- le dijo Gabriela sin ironía aparente.

-- Eso es así-- dijo él, alejándose con Pirulí.

Joaquín y Gabriela se quedaron hablando un rato más. Las últimas semanas habían sido muy emocionantes para ambos, especialmente porque encontraron el testamento. Ahora Ricardo era el heredero de don Fulgencio, y los gatos estaban en buenas manos. La antipática doña Pura y los supuestos gemelos no habían logrado salirse con la suya, aunque se salvaron, gracias a Ricardo, que no había querido denunciarlos por impostores. Joaquín pensó que su papá a veces se pasaba de buena gente. Además, dentro de dos semanas, Joaquín saldría para España a pasar las vacaciones de verano con su mamá. ¡Ni en las novelas terminan las cosan tan bien!

-- Oye, Gabriela, desde que te conocí quería preguntarte algo, pero no había tenido la oportunidad. Quizás, hoy sea el momento...

-- ¿Sí?

-- ¿Cómo supiste que doña Lourdes se había mudado a Nueva York y no a Miami?

-- Elemental, mi querido Joaquín, elemental.

96166244R00067

Made in the USA
Columbia, SC
25 May 2018